HÖHLEN DER NÖRDLICHEN KALKALPEN

HERBERT LEITHEIM

Höhlen der Nördlichen Kalkalpen

18 Höhlenbefahrungen zwischen
Estergebirge und Dachstein
unter Mitarbeit von Werner Leitheim und Herbert Wimmer

Mit 32 Farbbildern, 9 Schwarzweißaufnahmen,
18 Höhlenplänen, 12 Zustiegsskizzen
und einer zweifarbigen Übersichtskarte
im Maßstab 1:600 000 und einem mehrfarbigen Höhlenplan
auf der Kartenrückseite

BERGVERLAG RUDOLF ROTHER GMBH · MÜNCHEN

Umschlagbild: Eisfigur in der Eiskogelhöhle

Foto gegenüber dem Titel:
Exzentriques in der Bue Marino auf Sardinien

Alle Aufnahmen ohne Fotonachweis stammen vom Verfasser

Abbildungen im Text (in Klammern die Seitenzahlen):
Die Zustiegsskizzen wurden von Erich Johner reproduktionsreif gezeichnet.

Der Text aller in diesem Führer beschriebenen Höhlentouren wurde nach bestem Wissen und Gewissen des Autors ausgearbeitet. Autor und Verlag können jedoch keine Haftung für die Richtigkeit der Angaben übernehmen.

Alle Rechte vorbehalten
1. Auflage 1977
ISBN 37633 3217 O
Hergestellt in den Werkstätten
der Bergverlag Rudolf Rother GmbH, München 19
(1867 / 70047)

Vorwort

Der vorliegende Höhlenauswahlführer soll dem Bergsteiger einen Teil der noch weitgehend unberührten Welt der Höhlen erschließen. War früher die Höhlenforschung nur einigen wenigen Pionieren vorbehalten, so entwickelt sie sich heute immer mehr zum Freizeitsport. In diesem Rahmen soll der Führer Anregungen und Tips für Höhlentouren im Bereich zwischen Loisach und Dachsteingebirge geben. Es wurde versucht, ein möglichst breites Spektrum an Höhlen anzubieten. Dabei wurden fast ausschließlich Großhöhlen (Höhlen, deren Gesamtlänge über 500 m liegt), aufgenommen. Die Schwierigkeit der Touren reicht von „überwiegend leicht" bis zu „klettertechnisch schwierig". Es finden sich hierunter Höhlen, die zumindest in den vorderen Teilen sogar mit Kindern begangen werden können; aber auch extreme Höhlen (meist Schacht-Höhlen), die klettertechnischen Aufwand, gute Kondition oder aufgrund ihrer zeitlichen Länge ein Biwak fordern. Bei der Auswahl der Höhlentouren wurden in erster Linie Besonderheiten wie Eishöhlen, Höhlen mit außergewöhnlichem Tropfstein- und Sinterschmuck, stark wasserführende Höhlen und sehr großräumige Höhlen berücksichtigt. Auch besondere Zustiege zu den Höhleneingängen, so etwa landschaftlich lohnende Anstiege oder direkt an einer Straße oder einer Skiabfahrt gelegene Höhlen wurden bei einer Aufnahme der Tour in den Führer in Betracht gezogen. Günstige Zustiege, wie Skiabfahrten oder Autostraßen, gewährleisten auch ein Erreichen des Höhleneinganges im Hochwinter. Somit bleiben viele beschriebene Touren nicht nur auf einige Sommer- bzw. Herbstmonate beschränkt.

Der Höhlenführer soll nicht nur Tourenvorschläge zur rein touristischen Begehung einer Höhle geben, sondern auch Anregungen zur Weiterforschung bzw. Neuerkundung vermitteln. In diesem Rahmen wurde auch ein höhlenreiches Karstgebiet (Steinernes Meer — Ostteil) genau vorgestellt.

Die einzelnen Touren wurden von den Autoren alle noch einmal begangen, um eine optimale Beschreibung zu gewährleisten. Im Namen aller Mitarbeiter an diesem Führer wünsche ich Ihnen viele erfolgreiche und interessante Höhlentouren.

München, im Frühsommer 1977　　　　　　　　　Herbert Leitheim

Inhaltsverzeichnis

1. Nützliche Tips und Hinweise für Höhlenfreunde . . . 8
2. Zum Gebrauch des Führers 9
3. Ausrüstung 10
4. Kleine Höhlenkunde 12
5. Fachbegriffe aus der Höhlenkunde 22
6. Die längsten und tiefsten Höhlen des Alpenraumes . . 25
7. Literaturverzeichnis 28
8. Tourenübersicht nach Schwierigkeit 29
9. Höhlenplansignaturen 30

Estergebirge
 1 Frickenhöhle 32
 2 Angerlloch 40

Chiemgauer Alpen
 3 Sonntagshornhöhle 48

Leoganger Steinberge
 4 Lamprechtsofen 56

Berchtesgadener Alpen
 5 Adventhöhle 64
 6 Schrecksattel-Eishöhle 71
 7 Kolowrathöhle 77
 7a Gamslöcher/Bärenhorst 81
 8 Salzburger Schacht 82
 9 Großer und Kleiner Eiskeller 87
10 Salzgrabenhöhle 95
11 Rotwandlhöhle 104
12 Bärenhöhle im Torrenerfall 118
13 Scheukofen 124
14 Tantalhöhle 134

Tennengebirge
15 Brunnecker Höhle 146
16 Eisriesenwelt 151
17 Eiskogelhöhle 159

Dachsteingruppe
18 Dachsteinhöhlenpark (Koppenbrüllerhöhle, Mammuthöhle, Rieseneishöhle) 166
Register 174

Eiskogelhöhle: Eisfall in der Halle der Circe (Tour Nr. 17).

1. Nützliche Tips und Hinweise für Höhlenfreunde

Dieser Führer berührt in seiner Thematik einen noch weitgehend unberührten Teil der Natur. Eine Höhle ist eine unwiederbringliche Naturerscheinung. Jedes Abschlagen eines Tropfsteines ist eine Zerstörung einer über mehrere tausend Jahre entstandene Schöpfung der Natur, die nicht wieder hergestellt werden kann. Verunreinigungen können, auch wenn dies für den Verursacher nicht direkt ersichtlich ist, über lange Zeit irreparable Folgen für die Kleintierwelt zur Folge haben. Die Verrottung von Abfällen und die Regeneration der Umwelt dauert, so sie überhaupt stattfindet, in Höhlen um ein Vielfaches länger als über Tage. Man bringe daher keine Markierungen an, wenn dies nicht unbedingt erforderlich ist und nehme seinen Abfall wieder aus der Höhle mit! Es sei daher als eine eindringliche Bitte verstanden, diesen Teil der Natur in seiner Ursprünglichkeit für die Nachwelt zu erhalten. Eine Grundregel in der Höhlenforschung besagt, niemals alleine in eine Höhle einzusteigen. Man unterschätze nicht die Gefahren, die einem auch in einer scheinbar einfachen Höhle drohen können. Zwischenfälle, wie der Ausfall von Lampen oder gar ein gebrochenes Bein, können zum tödlichen Verhängnis werden. Es empfiehlt sich daher, immer mit einer Gruppe Höhlentouren zu unternehmen. Auch sollte immer ein Außenstehender von der jeweiligen Unternehmung unterrichtet sein. Oft findet sich auch Anschluß bei den jeweiligen Höhlenvereinen, die ständig Forschungstouren in Höhlen unternehmen. Die Höhlenvereine haben darüber hinaus, ähnlich wie die Bergwacht, teilweise eine Art Höhlenrettung organisiert. Auch stellen die jeweiligen Organisationen einen Sammelpunkt für Informationen über Neuentdeckungen dar und verfügen über Archive und Höhlenkataster.

Anschriften der wichtigsten Höhlenvereine:

Verein für Höhlenkunde in München e.V.
Blutenburgstraße 91, D-8000 München 19

Landesverein für Höhlenkunde in Salzburg
Getreidegasse 56, A-5020 Salzburg.

2. Zum Gebrauch des Führers

Die beschriebenen Tourenvorschläge weisen jeweils verschiedene Abschnitte auf. So wird in der allgemeinen Beschreibung der Charakter der Höhle, die Gesamtlänge und Höhendifferenz sowie ein Abriß über die Erforschungsgeschichte und die Besonderheiten der Höhle gegeben.

Der **Charakter der Höhle** äußert sich entweder durch den vorwiegenden Höhleninhalt (z. B. Eis, Wasser) oder durch den Gangverlauf — Schachthöhle —.

Die **Erforschungsgeschichte** soll den Leser kurz über die Phasen von der Erstentdeckung bis zum heutigen Stand informieren.

Im Abschnitt „**Besonderheit**" sollen Hinweise auf besondere Höhleninhalte (z. B. starke Wasserführung, Tropfsteine) oder interessante Gesteinsformationen sowie auf spezielle Lage (etwa direkt an einer Skiabfahrt) gegeben werden.

Unter **Talort** und **Zugangsbeschreibung** wird der Anstiegsweg von der nächstliegenden Ortschaft bis zum Höhleneingang verstanden. Der Anstieg ist, soweit nötig, durch eine Skizze illustriert.

Die anschließende **Raumbeschreibung** dient in Verbindung mit einer Höhlenplanskizze zur Orientierung in der Höhle. Die Beschreibung des Weges erfolgt immer vom Höhleneingang aus. Angaben über rechts bzw. links abzweigende Seitengänge beziehen sich auf die beschriebene Wegrichtung. Soweit der Rückweg aus der Höhle besondere Orientierungsschwierigkeiten bietet, wird auf diese Stellen hingewiesen und teilweise eine gesonderte Erläuterung gegeben.

Bei den **Höhlenplänen** handelt es sich um verkleinerte und teilweise generalisierte Planskizzen, die nach Originalvorlagen angefertigt wurden. Soweit es möglich, bzw. sinnvoll war, ist sowohl Grundriß als auch Aufriß einer Höhle dargestellt. Plan und Erforschungsgeschichte (letzter Stand der Forschung) stellen eine Grundlage zur Weiter- bzw. Neuforschung dar. Genaue Angaben über den jüngsten Forschungsstand sowie die neuesten Pläne sind aus den Höhlenkatastern der zuständigen Höhlen-Vereine zu entnehmen. Die einzelnen

Höhlen-Vereine stehen solchen Aktivitäten stets aufgeschlossen gegenüber und gewähren gerne Einblick in den Kataster (gemeinnützige Vereine). Die Verfasser dieses Führers sind über Mitteilungen von Neuentdeckungen sehr dankbar und stellen auch gerne eine Verbindung zu den einzelnen Höhlen-Vereinen her.

Die **Zeitangaben** für die Höhlentouren verstehen sich für eine normale touristische Befahrung mit Pausen, jedoch ohne Neuforschung oder langwierige Fotoaufnahmen, etwa mit mehrfachem Blitzlichtgebrauch. Zeitangaben bei Schachthöhlen (Adventhöhle, Salzburger Schacht, Sonntagshornhöhle) sind, wenn überhaupt vermerkt, nur grobe Anhaltspunkte. Befahrungszeiten solcher Höhlen sind sehr stark von der Ausrüstung (Seile mit Abseilgerät Petzel und Jümar-Steigklemme oder Stahlseilleitern) und von der Anzahl der Personen abhängig. Prinzipiell dauert jedoch der Aufstieg in einer solchen Schachthöhle länger als der Abstieg.

Ausrüstungsgegenstände sind in Gruppen mit Buchstabenkode zusammengefaßt.

Schwierigkeitsangaben beziehen sich auf die UIAA-Skala (Schwierigkeitsskala von I—VI). Darüber hinaus finden sich aber auch Angaben über etwa ausgesetzte oder glitschige Passagen direkt im Teil Raumbeschreibung.

Die verwendeten **Fotoaufnahmen** beziehen sich größtenteils auf die entsprechende Tour. Der genaue Standpunkt des Fotografen ist im Plan gekennzeichnet.

3. Ausrüstung

G Grundausrüstung: Overall (Schlaz) bzw. alte Kleidung; Beleuchtung: Stirnlampe mit Ersatzbatterien, evtl. Karbidlampen mit Reservekarbit und Kerzen als Notbeleuchtung; Zündhölzer (wasserdicht verpackt); Helm (Steinschlag- oder Bauhelm); Bergsteigerapotheke; Reepschnur oder kurzes Sicherungsseil; Bergstiefel; warme Kleidung.

Ausrüstungsgegenstände des Höhlenforschers.

S Ausrüstung für Schachthöhlen: Seile; Klettergürtel mit Sitzgurt; Karabiner; Abseilgerät (Petzel); Steigklemmen (Jümar-Steigklemme) oder genügend Drahtseilleitern; Bohrhaken mit Bohrmeißel; Handschuhe.

B Biwakausrüstung: Biwaksack; Schlafsack; Kocher; Töpfe; Karbidlampe mit Ersatzkarbid (Brenndauer bis 12 Stunden!); Handschuhe; Mütze; Schleifsack.

E Ausrüstung für Eishöhlen: Eispickel; Steigeisen; Reepschnüre; Seil; warme Winterbekleidung.

Die verschiedenen Ausrüstungsgruppen können bei den jeweiligen Touren auch kombiniert erscheinen.

Darüber hinaus hat es sich als vorteilhaft erwiesen, bei den meisten Unternehmungen Kleidung zum wechseln mitzunehmen bzw. an einem Stützpunkt (Auto, Hütte, Biwak) zu deponieren.

4. Kleine Höhlenkunde

Höhlenentstehung

Weitaus am häufigsten findet man Höhlen in Kalksteinen, nur selten in Urgestein, Sandstein oder Lava vor. Die häufigste Höhlenform unserer Kalkalpen bildet ein Zusammenspiel aus tektonischer Höhle und Wasserhöhle. Tektonische Hohlräume entstehen bei der Auffaltung von Gebirgen durch Gleitbewegungen von Gesteinsmassen, bei Erdbeben und Um- und Übereinanderschichtungen ganzer Felsmassive. Bei den meisten Höhlen unserer Alpen spielt die Wirkung des Wassers für die Hohlraumbildung die bedeutendste Rolle. Das Wasser formt in diesem Fall im verkarstungsfähigen Kalkstein durch das Zusammenwirken von mechanischer Kraft (Erosion) und auflösender Wirkung (Korrosion) die Hohlräume aus. Das Alter einer Höhle kann man anhand der Zeitintervalle zwischen der Bildung des Muttergesteins, also etwa der Gebirgsfaltung (Maximalalter) und dem Alter des am ältesten nachweisbaren Höhlensediments (Mindestalter) bestimmen. Da es sich bei den alpinen Höhlen vorwiegend um Wasserhöhlen handelt, läßt sich sagen, daß die höher liegenden Höhlenteile älter sind als die tieferen.

Höhleninhalt

Zu den wohl interessantesten und mannigfaltigsten Höhleninhalten zählen die verschiedenen Sinterbildungen:

Sinter ist oft kristallisierte Mineralausscheidung. Emailleartig überziehen sie etwa als Kalzit die Höhlenwände. Zu den wohl bekanntesten Sinterformen zählen die Tropfsteine, die als **Stalaktiten** von der Höhlendecke herunter, und als **Stalagmiten** vom Boden hinaufwachsen. Je nach Lösungszufuhr wird nun ein Bodenzapfen dicker oder dünner, es entstehen Keulen oder Kegel. Oft wachsen Stalaktiten und Stalagmiten zusammen und bilden Tropfsteinkaskaden. Stalaktiten weisen die verschiedensten Formen auf. Kleine pilz- oder knollenartige Formen werden häufig als **Knöpfchensinter** bezeichnet. Wasserlachen sind oft nur mit wenigen Zentimeter dicken Wänden, sogenannten **Sinterbecken** eingefaßt. Zu den eigenwilligsten Formen zählen die sogenannten **Excentriques**. Dies sind relativ junge, nach verschiedenen Richtungen gewundene Sinterbildungen. Für die Entstehung solcher teilweise haarfeinen Kristallfäden existieren umstrittene Theorien. Die Entstehung sämtlicher Tropfsteinformen (= Sinter) ist auf Lösungsvorgänge im Kalkstein zurückzuführen. Eintretendes Sickerwasser wird durch Pflanzen und Wurzelwerk des Bodens stark mit Kohlendioxyd angereichert. Das mit Kohlendioxyd übersättigte Lösungswasser löst nun den Kalkstein auf, scheidet den gelösten Kalk bei Eintritt in den lufterfüllten wärmeren Höhlenraum wieder aus und kristallisiert teilweise aus. Sind nun der Lösung verschiedene Minerale — Salze — beigemengt, kommt es zu den unterschiedlichsten Färbungen des Sinters (gelbbraune bis rötliche Färbung deutet zum Beispiel auf den Gehalt von Eisenoxiden hin).

Auf den Höhlenwänden und -decken kann man oft eine weiße, milchige Ausscheidung entdecken. Es handelt sich hier um die sogenannte **Bergmilch,** die in der Regel als Kalzit, Ton und Kalkteilchen besteht.

Neben den diversen Kalk- und Kalzitbildungen trifft man, jedoch seltener, Erzablagerungen (sogenannte **Bohnerze**), ja teilweise sogar Kristalle metallischen Ursprungs an.

Höhleneis

Einen weiteren wichtigen Höhleninhalt stellt das Höhleneis dar. Die Höhleneisbildung ist von einem speziellen Klima abhängig. Man unterscheidet beim Höhleneis, das fast ausschließlich durch das Gefrieren von Sickerwasser entsteht, eine Degenerationsphase und eine Regenerationsphase. In der Degenerationsphase schmilzt das Eis im Lauf des Sommers und des Herbstes zum großen Teil ab. Im darauffolgenden Winter und hauptsächlich im Frühjahr bildet sich wieder, nun in der Regenerationsphase, neues Höhleneis. Die Neubildungsphase ist am sogenannten **Baumeis,** dies sind baumartige Verästelungen, zu erkennen. Auch fallen in dieser Periode besonders schön ausgeprägte Reifüberzüge mit mehreren Zentimeter großen Nadeln auf. Tropfwässer und Höhlenwind können die verschiedenartigsten Eisfiguren formen. 10 m hohe, am Fuße nur 50 cm große **Eiskeulen** sind keine Seltenheit. Die Entstehung dieser sehr rasch wachsenden Eisfiguren ist auf das Abschmelzen und wieder Gefrieren der Spitze beim Absinken der 0°-Isotherme zurückzuführen.

Der Boden von Eishöhlen ist oft von mehreren Metern dickem **Bodeneis** überzogen (Dachsteinrieseneishöhle und Eisriesenwelt bis 25 m). Dieses sehr alte Eis zeigt eine sehr große Beständigkeit; es liegen absolute Datierungen bis 3000 Jahre vor.

Höhlenbäche, -seen und Siphone

Höhlenbäche tragen durch ihre erosive (mechanische) Wirkung wesentlich zur Formung einer Höhle bei. Höhlen, die ständig von einem Bach durchflossen werden, bezeichnet man als **aktive Wasserhöhlen.** Die Erforschung aktiver Wasserhöhlen bietet oft wegen Siphonstrecken große Schwierigkeiten. **Siphone** sind Gangteile, die zur Gänze unter Wasser stehen und nur tauchend überwunden werden können. Oft versucht man, kleinere Siphone mit Hilfe eines Schlauches nach dem Saugheberprinzip abzulassen.

Höhlenseen bilden sich entweder in Staubereichen von Höhlenflüssen oder durch Tropfwasser in Mulden und Spalten. Größere Seen, wie sie oft in mediterranen Höhlen vorkommen, werden mit Schlauchbooten überquert.

Manche Höhlenseen können nur mit Booten überwunden werden. (Einfahrt in die Bue Marino auf Sardinien.)

Das Höhlenklima

Der Höhlenwind. Die Klimaverhältnisse in Höhlen können für den Höhlenforscher recht aufschlußreich sein. Luftströmungen in Höhlen weisen auf Spaltensysteme und verborgene Ausgänge hin. Auch läßt ein starker Luftzug am Höhleneingang meist auf ein größeres Höhlensystem schließen. Höhlen mit zwei oder mehreren Tagöffnungen haben eine dynamische Wetterführung (Höhlenwind).

Höhlenwind kommt durch die Temperaturunterschiede zwischen Höhlenluft und Außenluft und durch Luftdruckunterschiede zustande. Man unterscheidet nun eine Sommerphase, in der der Höhlenwind aus den tieferen Höhleneingängen hinaus, und eine Winterphase, in der der Höhlenwind in die Höhleneingänge hineinbläst. Im Sommer liegt die Temperatur der Außenluft meist höher als die der Höhlenluft. Die Folge ist, daß die kältere und schwerere Höhlenluft absinkt und zu den tiefergelegenen Tagöffnungen ausströmt. Gleichzeitig wird nun die wärmere Außenluft durch höher gelegene Tagöffnungen (Schlote) in die Höhle eingesaugt. In der Winterphase kommt es nun zur umgekehrten Erscheinung. Die vom Sommer her wärmere Luft in der Höhle steigt durch Schlote auf und saugt die kalte Außenluft in die tiefergelegenen Höhleneingänge ein.

Temperaturen in Höhlen

Die Temperaturen in größeren Höhlen sind über das Jahr hindurch nahezu konstant und entsprechen etwa dem Jahresmittel der Außentemperaturen in der Umgebung der Höhle. Dies hat zur Folge, daß für den Höhlenbegeher der Eindruck entsteht, daß im Sommer die Temperatur in der Höhle bedeutend kälter ist als die Außentemperatur und im Winter die Höhle wärmer ist.

Die Fledermaus als Höhlenbewohner

Der auffallendste Höhlenbewohner der Höhlen im Alpenbereich ist die Fledermaus. Man unterscheidet viele verschiedene Arten, nach Nasenaufsatz (Hufeisennasen) Flügelspanne, Ohren (Mausohr) und anderen Merkmalen. Fledermäuse sind Säugetiere und halten den Winter über in frostfreien Höhlenteilen einen Winterschlaf. Fledermäuse sollten während ihres Winterschlafes **nicht** gestört werden. Zur wissenschaftlichen Untersuchung ihrer Lebensgewohnheiten (Wanderwege) werden sie beringt und in Zentralstellen registriert. (Für Deutschland und Österreich ist die Zentralstelle beim Museum Alexander König in Bonn.)

Technische Höhlenkunde

Ausrüstung. Grundsätzlich sind in der Höhlenbefahrungstechnik je nach Schwierigkeit der Höhlentour die selben Vorkenntnisse erforderlich wie beim Fels- und Eisklettern:

a) Lampen. Im allgemeinen wird heute in der Höhlenforschung noch mit Karbidlampen (Grubenlampen) gegangen. **Karbidlampen** erzeugen mit Hilfe von Karbid und Wasser Acetylengas, das in heller Flamme abbrennt. Karbidlampen sind sparsam und billig im Gebrauch (Brenndauer durchschnittlich acht Stunden pro Füllung). Zusätzlich zu solchen Karbidlampen werden elektrische **Helmlampen** verwendet, deren Brenndauer jedoch sehr stark von der allgemein hohen Luftfeuchtigkeit beeinträchtigt wird. Gegenüber der Karbidlampe haben Batterien oder akkubetriebene Lampen den Nachteil der kürzeren Brenndauer und des stark gebündelten Lichtstrahles. Ihr Vorteil liegt jedoch in der Unempfindlichkeit gegen starken Höhlenwind und Tropfwasser. Im allgemeinen sind die Lampen am besten geeignet, die am robustesten sind (bei elektrischen Stirnlampen ersetzt man die allgemein recht dünnen Anschlußlitzen durch dicke robuste und lötet sie am Batteriegehäuse an. Zusätzlich sollten in Höhlen eine oder mehrere **Kerzen** als Notbeleuchtung mitgenommen werden. **Zündhölzer** verpackt man am günstigsten wasserdicht.

b) Kleidung. Es empfiehlt sich bei Höhlenbefahrungen einen **Schutzhelm** (Bau- oder Steinschlaghelm) zu tragen. Bei Verwendung von Bauhelmen sollte zur Sicherung ein Kinnband befestigt werden. Ein weiteres nützliches Requisit stellt der **Overall** (Schlaz) dar. Er verhindert ein Verschmutzen und übermäßiges Durchnässen der Kleidung. Außerdem haben Overalls viele Taschen, die Platz für Reservebatterien, Zündhölzer usw. bieten. Da die Temperaturen in den Höhlen im alpinen Bereich oft nur wenig den Gefrierpunkt überschreiten, ist warme Kleidung (Handschuhe, Mützen) anzuraten. Je nach Charakter der Höhle sind feste Bergstiefel oder teilweise Gummistiefel notwendig.

c) Kletterausrüstung. Die nachfolgend beschriebenen Ausrüstungsgegenstände stellen hauptsächlich spezielle Höhlenforscherutensilien dar. Ausrüstungsgegenstände wie sie allgemein von Bergsteigern verwendet werden (Seil, Karabinerhaken, Steigeisen usw.) werden nicht extra beschrieben und als bekannt vorausgesetzt. Auch sind viele Ausrüstungsgegenstände nur in extrem schwierigen Schachthöhlen erforderlich. Zum Gepäcktransport in Höhlen verwendet man im allgemeinen einen wasserdichten **Schleifsack** oder einen alten **Rucksack**. Für Schachtabstiege, meist jedoch nur an kürzeren Stellen, benutzt man **Drahtseilleitern.** Das Steigen mit Drahtseilleitern erfordert eine eigene Technik. Beim Ab- bzw. Aufsteigen an einer Drahtseilleiter muß man mit den Schuhen abwechselnd mit der Schuhspitze von vorn und mit der Ferse von hinten in die Leitersprossen steigen. Mit den Armen greift man um die Leiter von hinten an die Sprossen, um ein Schwingen zu verhindern. Für längere Schachtabstiege haben sich in jüngerer Zeit Bergseile mit Abseilvorrichtungen besser bewährt. In der Höhlenforschung hat sich das sogenannte **Petzel-Abseilgerät** eingebürgert. Der Petzel besteht aus verschließbaren Aluminiumgabeln, auf denen zwei fixe profilierte Bremsrollen befestigt sind. Das Bergseil wird in „S"-Form durch diese Rollen gelegt und der Petzel anschließend mit einem Schraubkarabiner gesichert. Zum Aufstieg an fixen Seilen verwendet man **Jümarsteigklemmen.** Beide Geräte, Petzel und Jümar, werden in Verbindung mit **Sitzgurten** und **Klettergürtel** eingesetzt. Auch **Bohrstifte** (10 bis 12 cm lange Schrauben, die in ein Bohrloch geschlagen werden) und **Kletterstangen** (mit Hilfe von Alustangen werden Trittleitern für schwierig erreichbare Stellen fixiert) gehören zur modernen Höhlentechnik. Viele der voran beschriebenen Kletterhilfen werden jedoch nur bei Neuforschungen in schwierigen Höhlen bzw. bei extremen Schachtbefahrungen verwendet.

Abseilen in einen Schacht mit Hilfe des Petzel-Abseilgerätes.

Das Fotografieren in Höhlen

Die Höhlenfotografie fordert etwas Fingerspitzengefühl und Umsicht. **Fotoapparat** und **Blitzgerät** sind empfindlich. Sie werden gerade bei Höhlentouren großen Belastungen ausgesetzt. Man sollte darauf achten, daß sie stoßsicher und wasserdicht verpackt sind. In aktiven Wasserhöhlen oder sehr engen Höhlenstrecken ist dies besonders wichtig, da gerade hier Rucksäcke meist vor sich hergeschoben oder nachgeschleppt werden. Zur wesentlichen Ausrüstung gehören neben Fotoapparat und Blitzlichtern auch noch **Stativ** und **Drahtauslöser.** Weiter erfüllt ein **Tuch** zur Linsenreinigung gute Dienste (Linsen beschlagen und verschmutzen in Höhlen sehr schnell; ständig kontrollieren!). Die besten Ergebnisse in sehr großen Räumen erzielt man bei Zeitaufnahmen („B") vom Stativ aus. Um den Bildausschnitt günstig festzulegen, stellt man in einiger Entfernung Lampen auf, die das Motiv begrenzen. In diesem Fall blitzt man mehrmals Wände, Decken und Boden an und erzielt so eine plastische Wirkung des Bildes. Jedoch ist dabei darauf zu achten, daß nicht mit einer Stirn- oder Handlampe direkt in das Objektiv geleuchtet wird. Auch sich bewegende Lichtquellen (Stirnlampen) können unerwünschte helle Streifen auf dem Bild hinterlassen. Es empfiehlt sich daher, mehrere Blitzlichter stationär durch verschiedene Personen auslösen zu lassen. Die Verwendung von **Magnesiumband** kann sich aufgrund der starken Rauchentwicklung ungünstig auswirken. Für kleinere Räume oder Gänge hat sich am besten ein synchronisiertes Computerelektronenblitzgerät bewährt. Die verschieden stark lichtschluckenden Wände werden so immer richtig belichtet. Jedoch ist bei solchen Aufnahmen darauf zu achten, daß man nicht direkt vor dem Objektiv ausatmet. In Eishöhlen hat sich gezeigt, daß die wärmere Atemluft als bläulicher Schleier das Bild vernebelt.

Vermessung und Planaufnahme von Höhlen

Ziel der Vermessung von Höhlen ist es, einen detaillierten Plan im **Grundriß** mit **Querprofilen** und evtl. auch im **Aufriß** zu erstellen. Bei der Vermessung bedient man sich am einfachsten mit einem **Maßband** (etwa 25 m lang), einem **Kompaß** und einem **Neigungsmesser**. Mit diesen Instrumenten wird nun ein **Polygonzug** ermittelt. Vom topographisch genau festgelegten Höhleneingang beginnt man durch Bestimmung von

Entfernung, Richtung und Neigung fortlaufend numerierte Meßpunkte festzulegen. Bei dieser Grundrißvermessung müssen Wandstufen, Schächte, Schlote, Seen, Flußläufe und andere Besonderheiten mit kartiert werden. Bei der Grundrißzeichnung werden dann neben den errechneten Streckenverkürzungen bei Neigungen auch die aufgenommenen morphologischen Erscheinungen und etwaige Besonderheiten durch **Plansignaturen** eingezeichnet. Querprofile an wichtigen Gangstellen werden entweder eingemessen oder geschätzt. Die Ermittlung der **Gesamtlänge** einer Höhle erfolgt durch die Aufsummierung aller vermessenen Gangstrecken. Der **Gesamthöhenunterschied** einer Höhle stellt die maximale Vertikalausdehnung dar.

Orientierung und Gefahren in Höhlen

Neben den Gefahren (Steinschlag, Absturzgefahr) wie sie auch der Bergsteiger kennt, besteht bei der Höhlenforschung noch die große Gefahr der Panik, wenn die Orientierung verloren wird. Eine genaue Orientierung ist besonders bei Neuerforschungen oder Begehungen ohne Plan von größter Wichtigkeit. Da Höhlengänge beim Verlassen der Höhle ganz anders aussehen, präge man sich beim Einstieg die Gänge auch in umgekehrter Richtung gut ein. Verzweigungen markiert man oder mißt sie mit dem Kompaß ein. Besonders wichtig ist das **Markieren** bei unscheinbaren Schlufstrecken, die in größere Hallen oder Dome einmünden. (Ein solches Beispiel stellt die unscheinbare Polyphemospforte in der Eiskogelhöhle dar.) Neben der Gefahr die Orientierung zu verlieren, besteht in aktiven Wasserhöhlen außerdem die Gefahr, durch **Hochwasser** eingeschlossen zu werden.

Deshalb sollte man stets auf eine sichere Wetterlage und auf die nachmittäglich einsetzende Schneeschmelze achten. (Ein Paradebeispiel hierfür sind die Brunnecker Höhle und der Lamprechtsofen, die schon durch Schneeschmelzwasser oder starke Regengüsse überflutet werden können.) Forschungstouren in solch gefährdete Höhlen werden größtenteils in den sicheren Wintermonaten durchgeführt. Auch bedient man sich bei größeren Expeditionen Telefonverbindungen, die den Kontakt zur Außenwelt, bzw. zu einem sicheren Basislager herstellen. Jedoch sollte auch bei kleineren Höhlenbegehungen grundsätzlich ein Außenstehender von der Tour unterrichtet sein.

5. Fachbegriffe aus der Höhlenkunde

Aragonit: Im Gegensatz zum Kalzit rhombisch kristallisiertes Kalziumkarbonat.
Baumeis: Vorwiegend horizontal wachsende Eisfiguren.
Bergmilch: Weiche bis flüssige, weiße oder gelbliche Kalkablagerungen (auch Mont- oder Mondmilch genannt).
Bohnerz: Gerundete, teilweise polierte Brauneisenkonkretionen.
Brekzie: Sedimentgestein, das aus eckigem Bruchstückmaterial anderer Gesteine verkittet wurde.
Cañon: Enge, klammartige aber relativ hohe Höhlenstrecke.
Doline: Rundliche, trichterförmige Eintiefung mit mehreren Metern bis Kilometer-Größe.
Druckstollen: Durch Druckerosion erzeugter, rund bis elliptisch profilierter Höhlengang.
Eishöhle: Höhle, in der Eis über das ganze Jahr hindurch erhalten bleibt.
Eiskeule: Dünner Bodeneiszapfen mit glasartigen Verdickungen.
Erosion: Mechanische Abtragung, vorwiegend durch Wasser.
Exzentriques: Sintergebilde aus Kalzit oder Aragonit, deren Wachstum keiner Vorzugsrichtung folgt. Sie sind faden-, wurm- oder bäumchenförmig und erreichen eine Länge von mehreren Zentimeter bis Dezimeter.
Fließfacetten: Auf Wasserkraft zurückzuführende, regelmäßig angeordnete Dellen in der Höhlenwand.
Harnisch: Durch Verschiebung von Gesteinspaketen an Verwerfungsflächen, blank polierte Felsplatten.
Höhlenkataster: Archivartige Sammlung der Unterlagen über die Höhlen eines bestimmten Gebietes.
Höhlenklima: Klima der inneren Höhlenräume.
Höhlenperlen: Von Tropfwasser gerundetes Sinterstückchen in einem Sinterbecken.
Kalzit: Trigonal kristallisiertes Kalziumkarbonat.
Karren: Verschieden geformte Korrosionsformen des abfließenden Wassers im verkarstungsfähigen Gestein.
Knöpfchensinter: Kleine, pilzartige Sintergebilde.

Eine sehr seltene Erscheinung stellt dieses etwa 7 m lange Sinterröhrchen dar. Dieses zerbrechliche Kalzitgebilde ist auf seiner ganzen Länge nicht dicker als ein Bleistift.

Kolk: Durch mechanische und lösende Kraft des fließenden Wassers entstandene wannen- und tonnenförmige Eintiefungen.
Konglomerat: Sedimentgestein, das aus gerundeten Gesteinsteilen verkittet wurde.
Korrosion: Auflösung oder Zersetzung des Gesteins durch Wasser oder Chemikalien.
Perlsinter: Kleinkugelförmige Sinteraufwachsungen auf Rippen oder Graten des Gesteins.
Polje: Große, länglich-oveIa Karstwanne mit flachem Boden.
Schachthöhle: Höhle mit vorwiegender Vertikalausdehnung.
Schlaz: Höhlenlehm bzw. Höhlenforscheranzug (Overall).
Schlinger: Öffnung, bei der Wasser unter Druck abfließt.
Schlot: Von der Höhlendecke vertikal nach oben führende Höhlenstrecke.
Schluf: Niedriger, nur kriechend passierbarer Höhlenteil.
Sedimente: Wieder abgelagerte, meist lockere Reste von Gesteinen oder Organismen.
Sinter: Mineralische Ausscheidungen von fließenden Wassern. In Höhlen handelt es sich meist um den Absatz von Kalziumkarbonat (Kalksinter). Sinter erscheint in den unterschiedlichsten Formen (Tropfsteine, Excentriques, Höhlenperlen usw.).
Siphon: Höhlenstrecke, die teilweise vollkommen unter Wasser steht.
Speläologie: Höhlenkunde.
Stalagmit: Bodenzapfen.
Stalaktit: Deckenzapfen.
Tektonik: Lehre vom Bau der Erdkruste und den Bewegungsvorgängen, die diese erzeugt haben und in ihr wirken.
Trockenhöhle: Vorwiegend horizontale Höhle, in der kein Wasser angetroffen wird.
Tropfstein: Ausscheidung von Tropfwasser, Sinterform.
Versturz: Durch Verbruch entstandenes, aufgetürmtes Blockwerk.
Wabeneis: Höhleneis, das durch Degeneration wabenartige Risse aufweist.
Wasserhöhle: Durch Mitwirkung von Wasser entstandene Höhle.
Wasserstandsmarke: Linie an einer Höhlenwand (Sinterleiste, Lösungsrinne), die einen ehemaligen Wasserstand anzeigt.

6. Die längsten und tiefsten Höhlen des Alpenraums

Längste Höhlen

1. Hölloch (Muotatal, Schwyz) — Schweiz — 129,5 km
2. Eisriesenwelt (Tennengebirge, Salzburg) — Österreich — 42,0 km
3. Tantalhöhle (Hagengebirge, Salzburg) — Österreich — 30,2 km
4. Dachsteinmammuthöhle (Dachsteingebirge, Oberösterreich) — Österreich — 27,7 km
5. Réseau de la Dent de Crolles (Isère) — Frankreich — 25,7 km
6. Raucherkarhöhle (Totes Gebirge, Steiermark) — Österreich — 19,0 km
7. Frauenmauer-Langstein-Höhle (Hochschwab, Steiermark) — Österreich — 13,9 km
8. Lamprechtsofen (Leoganger Steinberge, Salzburg) — Österreich — 12,5 km
9. Bergerhöhle (Tennengebirge, Salzburg) — Österreich — 11,5 km
10. Grotte du Biolet (Savoie) — Frankreich — 9,2 km
11. Hirlatzhöhle (Dachsteingebirge, Oberösterreich) — Österreich — 8,0 km
12. Grotte-gouffre de la Luire (Dróme, Vercors) — Frankreich — 8,0 km
13. Platteneckeishöhle (Tennengebirge, Salzburg) — Österreich — 7,5 km
14. Trou qui souffle (Méandre, Isère) — Frankreich — 7,1 km
15. Abisso Michele Gortani (Julische Alpen) — Italien — 7,0 km
16. Gruberhornhöhle (Hoher Göll, Salzburg) — Österreich — 6,7 km
17. Salzgrabenhöhle (Steinernes Meer, Bayern) — Deutschland — 6,5 km
18. Almberg Eis- und Tropfsteinhöhle (Totes Gebirge, Stmk.) — Österreich — 6,2 km
19. Grotte de Gournier (Vercors, Isère) — Frankreich — 6,2 km
20. Complesso di Piaggia Bella (Piemonte) — Italien — 5,3 km

Tiefste Höhlen

1. Gouffre Berger (Vercors) — Frankreich — 1141 m
2. Chorum des Aiguilles (Hautes-Alpes) — Frankreich — 980 m
3. Gouffre Jean Bernard (Haute Savoie, Frankreich) — Frankreich — 934 m
4. Abisso Michele Gortani (Friaul) — Italien — 920 m
5. Spluga della Preta (Veroneser Alpen) — Italien — 889 m
6. Gruberhornhöhle (Hoher Göll, Salzburg) — Österreich — 854 m
7. Hölloch (Muotatal, Schwyz) — Schweiz — 827 m
8. Hochleckengroßhöhle (Höllengebirge, Oberösterreich) — Österreich — 819 m
9. Puits Criska (Massif du Gran Som) — Frankreich — 780 m
10. Abisso Emilio Comici (Friaul) — Italien — 774 m
11. Lamprechtsofen (Leoganger Steinberge, Salzburg) — Österreich — 750 m
12. Platteneckeishöhle (Tennengebirge, Salzburg) — Österreich — 750 m
13. Abisso Enrico Davanzo (Friaul) — Italien — 737 m
14. Raucherkarhöhle (Totes Gebirge, Steiermark) — Österreich — 723 m
15. Puits Francis (Isère) — Frankreich — 715 m
16. Complesso di Piaggia Bella (Meeralpen) — Italien — 689 m
17. Polska Jama (Julische Alpen) — Jugoslawien — 670 m
18. Gouffre de Caladaire (Basses Alpes) — Frankreich — 668 m
19. Abisso Caesare Pez (Friaul) — Italien — 654 m
20. Abisso Eugenio Bolgan (Friaul) — Italien — 624 m

Unerschöpflich scheint der Formenreichtum in der Wunderwelt der Höhlen zu sein. (Bue Marino auf Sardinien.)

Längste Höhle der Welt
Flint Ridge — Mammoth Cave System (Kentucky)   USA   252,5 km

Tiefste Höhle der Welt
Gouffre de la Pierre Saint-Martin — Sima de la Piedra de San Martin (Pyrenäen)   Spanien/Frankreich 1360 m

Längste und tiefste Höhle Deutschlands
Salzgrabenhöhle (Steinernes Meer, Bayern), Länge: 6550 m, Tiefe: 260 m

7. Literaturverzeichnis

1. Nachschlagewerke und weiterführende Höhlenliteratur:

Klappacher, Walter; Karl Mais u. a.: Salzburger Höhlenbuch Bd. 1—6, Wissenschaftliche Beihefte zur Zeitschrift „die Höhle", Salzburg 1975.

Trimmel, Hubert: Höhlenkunde, In die Wissenschaft Bd. 126, Braunschweig 1968.

Trimmel, Hubert: Österreichs längste und tiefste Höhlen, In Wissenschaftliche Beihefte zur Zeitschrift „die Höhle", Wien 1966.

2. Zeitschriften:

Die Höhle, Zeitschrift für Karst- und Höhlenkunde, Verband österreichischer Höhlenforscher, Wien.

Mitteilungen des Verbandes Deutscher Höhlen- und Karstforscher e.V., München.

3. Karten:

AV-Karten 1:25 000, Blatt 10/1 Steinernes Meer (10, 11); Blatt 10/2 Hochkönig Hagengebirge (13, 14, 16); Blatt 14 Hallstatt Dachstein (18).

Topographische Karte 1:25 000 des Landesvermessungsamtes in München, Blatt 82 43/44 Bad Reichenhall (6); Blatt 83 42 Schneizelreuth (3, 5); Blatt 84 32 Oberammergau (1); Blatt 84 33 Eschenlohe (2).

Österreichische Karte 1:50 000, Blatt 93 Salzburger Hochthron (7, 8, 9); Blatt 94 und 125 Tennengebirge (12, 15 und 17).

Die in Klammern angegebenen Nummern beziehen sich auf die jeweiligen Touren.

8. Tourenübersicht nach Schwierigkeit

1. Schauhöhlen

Lamprechtsofen (Tour 4)
Eisriesenwelt (Tour 16)
Dachstein-Mammut-Höhle (Tour 18)
Dachstein-Rieseneishöhle (Tour 18)
Koppenbrüller Höhle (Tour 18)

2. Leicht begehbare Höhlen

(Für Anfänger geeignet, leichte Kletterei, Trittsicherheit!)
Frickenhöhle (Tour 1)
Angerlloch (Tour 2)
Schrecksatteleishöhle, alter Teil (Tour 6)
Gamslöcher (Tour 7)
Kolowrathöhle (Tour 7)
Kleiner Eiskeller (Tour 9)
Salzgrabenhöhle (Tour 10)
Scheukofen (Tour 13)

3. Mittelschwere Höhlen

(Kletterei bis Schwierigkeitsgrad II)
Schrecksatteleishöhle, neuer Teil (Tour 6)
Großer Eiskeller (Tour 9)
Rotwandlhöhle (Tour 11)
Bärenhöhle (Tour 12)
Tantalhöhle bis zum „Gran Cañon" (Tour 14)
Brunnecker Höhle (Tour 15)
Eiskogelhöhle (Tour 17)

4. Schwierige bis extreme Höhlen

(Kenntnisse im Schachtabsteigen erforderlich, für geübte Höhlengeher)
Sonntagshorn-Höhle (Tour 3)
Adventhöhle (Tour 5)
Bärenhorst (Tour 7)
Salzburger Schacht (Tour 8).

9. Höhlenplansignaturen

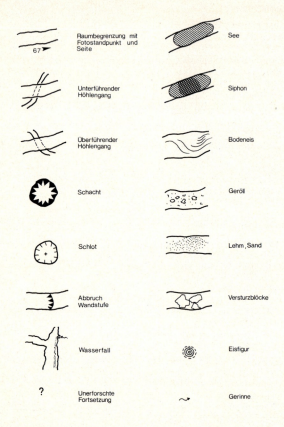

Symbol	Bedeutung
	Raumbegrenzung mit Fotostandpunkt und Seite
	Unterführender Höhlengang
	Überführender Höhlengang
	Schacht
	Schlot
	Abbruch Wandstufe
	Wasserfall
?	Unerforschte Fortsetzung
	See
	Siphon
	Bodeneis
	Geröll
	Lehm, Sand
	Versturzblöcke
	Eisfigur
	Gerinne

Frickenhöhle: Der Weißsinterfall (Tour Nr. 1). Foto: Heinz Dúre.

1 Frickenhöhle, 1253 m
Estergebirge, Kuhfluchtgraben

Allgemeine Beschreibung

Charakter: Aktive Wasserhöhle.

Länge: Etwa 2800 m, Gesamthöhenunterschied etwa 60 m.

Erforschungsgeschichte: Die Höhle wurde Anfang 1900 entdeckt. 1967 erfolgte vom Verein für Höhlenkunde in München ein Vorstoß bis zum heutigen Endpunkt. Hierbei wurden mehrere Syphonstrecken tauchend überwunden. In jüngerer Zeit wurde ein weiterer bedeutender Gangteil, der sogenannte Nordostgang entdeckt. Die Erforschung und Vermessung ist noch nicht abgeschlossen und gestaltet sich aufgrund der langen Syphonstrecke als schwierig.

Besonderheit: Die Höhle weist rote und weiße Wandversinterungen sowie weitere geologisch interessante Formationen auf.

Talort: Farchant bei Garmisch-Partenkirchen, 671 m.

Zugangsbeschreibung: Auf der Olympiastraße in Richtung Garmisch biegt man im Ort Farchant an der Verkehrsampel nach links in die Mühldörfelstraße ein. Diese fährt man über einen Bahnübergang geradeaus durch. Bald verzweigt sich die Straße in die Estergebirgsstraße und in den, für den Durchgangsverkehr gesperrten Kuhfluchtweg. Dort parkt man das Fahrzeug und folgt dem ausgebauten Kuhfluchtspazierweg. Nach etwa 5 bis 10 Min. erreicht man eine Steinbrücke, die nach links über den Kuhfluchtbach führt. Der Weg über die Brücke ist nach Oberau ausgeschildert. Man bleibt jedoch auf der rechten Bachseite und folgt dem zu den Kuhfluchtwasserfällen ausgeschilderten Weg, bis man nach etwa 20 Gehminuten eine weitere Brücke über den Kuhfluchtbach erreicht. Jenseits der Brücke endet die ausgebaute Wegstrecke. Man steigt nun in steilen Kehren auf dem Weg zum Hohen Fricken etwa 1 st lang auf und erreicht eine enge, schrofige Gratschulter. Geht man den Grat entlang empor, so gelangt man an eine große Feuerstelle. Von hier aus steigt man an der Oberkante

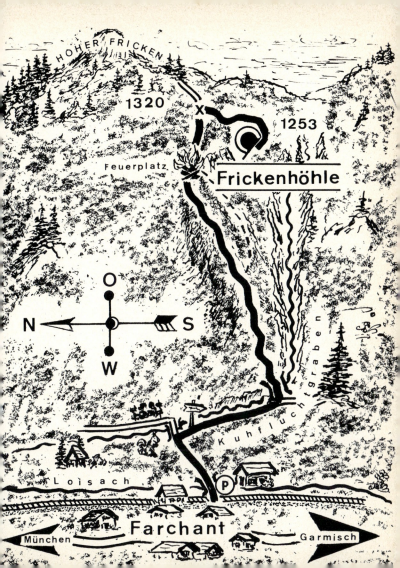

1 Frickenhöhle — Estergebirge, Kuhfluchtgraben

des Kuhfluchtgrabens (Felssturz-Abbruchkante) etwa 20 Höhenmeter auf. (Steigspuren, alte Markierung). Nun kann man über Schrofen etwa 150 m wieder absteigen. Der Höhleneingang öffnet sich neben einer Kiefer, etwa 5 m neben dem Felssturz. Gesamtzustieg etwa 1$^{1}/_{2}$ st.

Raumbeschreibung: Über grobes Geröll steigt man an einer nach wenigen Metern blind endenden Seitenfortsetzung vorbei bis zu einer Wasserstelle (Periodoscher See), die im Frühling einen Syphon bilden kann. Bald erweitert sich der Gang und man muß nach rechts über eine Felsrampe kurz aufsteigen. Von dort führt der geräumige Gang nahezu geradlinig in den Berg hinein. Einige Seen können umgangen, bzw. auf Baumstämmen überwunden werden. Etwa 200 m vom Eingang entfernt verzweigt sich der Gang. Nach links führt der sogenannte Nordostgang ab. Der Anfang des Nordostganges führt zuerst recht unscheinbar nach unten, verengt sich schlufartig und leitet bald zu einem Syphon. Dieser kann von hinten mit einem Schlauch abgehebert werden. Der Nordostgang mündet nach etwa 500 m wieder in den Hauptgang. Über eine wassererfüllte Verengung, die auf befestigten Balken überwunden wird, erreicht man die Lehmrutsche. Dieser schräg nach unten führende Stollen ist wegen des glatten Felses etwas heikel (evtl. Reepschnur zum Sichern). Man erreicht nach der Lehmrutsche eine Gangerweiterung mit Blockwerk. Dort führt eine kleine Schachtöffnung im Bodengeröll zur Fortsetzung des Hauptganges. Schon bald (nach etwa 5 m) trifft man auf eine neue Gabelung des Höhlensystems. Der in gerader Fortsetzung weiter verlaufende Gang führt vorbei am Lampensee und erreicht nach einigen Metern zum Schlüsselsyphon. Der vom Eingang bis dahin überwundene Höhenunterschied beträgt etwa 25 m. Der Schlüsselsyphon stellt einen vorläufigen Endpunkt für touristische Begehungen dar. Ein weiteres Vordringen in die Höhle fordert ein Durchtauchen des etwa 10 m langen Syphons. Hält man sich bei der vorerwähnten Gabelung nicht an den gerade verlaufenden Hauptgang, sondern

Frickenhöhle: Grelles Tageslicht fällt durch den Eingang ins Innere der Höhle.

FRICKENHÖHLE

Maßstab
0   25   50

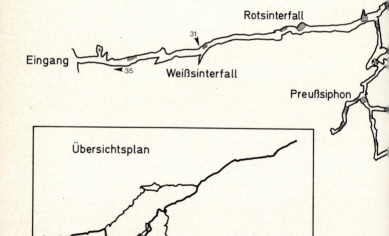

Rotsinterfall

Eingang

Weißsinterfall

Preußsiphon

Übersichtsplan

0   100   200

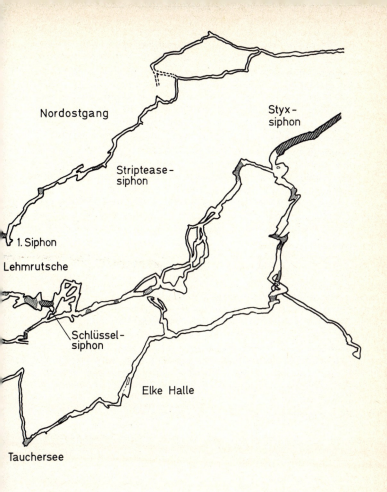

1 Frickenhöhle — Estergebirge, Kuhfluchtgraben

rechts, so betritt man ein Gangsystem, das, ähnlich wie der Nordostgang, ebenfalls über Syphonstrecken wieder (allerdings vor dem Styxsyphon) in den Hauptgang mündet. Beim Eintritt in dieses relativ enge und manchmal niedrige System trifft man schon bald auf den ersten Syphon (Preuß-Syphon). Eine Abzweigung vor dem Preuß-Syphon nach rechts endet nach einigen Metern blind. Ein Vordringen in das Gangsystem hinter dem Preuß-Syphon fordert wie beim Schlüsselsyphon ein Durchtauchen (wasserstandsabhängig). Der Ausstieg aus der Höhle erfolgt in umgekehrter Reihenfolge wie der Einstieg.

Die Begehung für den beschriebenen Höhlenteil fordert etwa $1^1/_2$ st.

Siehe auch Abb. S. 31.

Ausrüstung: G

Schwierigkeit: Der beschriebene Höhlenteil ist leicht zu begehen. Will man über den beschriebenen Teil hinaus eine Begehung vornehmen, so fordert dies ein gewisses Maß an Ausdauer (Biwak), Ausrüstung (Tauchen) und Vorbereitungen (Abhebern der Syphone mittels eines Schlauches fordert mehrere Stunden). Für eine weiterführende Begehung ist eine wasserarme Zeit (Winter) anzuraten.

Gipfelanstieg im Höhlenbereich: Von der Feuerstelle oberhalb des Felsabsturzes steigt man auf gut bez. Weg weiter zum Hohen Fricken, 1681 m, empor. Vom Karstplateau unterhalb des Niederen Fricken besteht die Möglichkeit, zur unweit entfernt gelegenen Krottenkopfhütte (Übernachtungsmöglichkeit) zu wandern. Von dort aus kann man mehrere Gipfel, die knapp über 2000 m liegen, relativ schnell besteigen.

Angerlloch: Sinterbecken.

2 Angerlloch, 970 m
Estergebirge

Allgemeine Beschreibung

Charakter: Aktive Wasserhöhle, die mehreren Kluftrichtungen folgt.

Länge: 626 m; Gesamthöhenunterschied 37 m.

Erforschungsgeschichte: Aufgrund ihrer Talnähe ist die Höhle schon länger bekannt und wurde schon verhältnismäßig früh begangen. So wurden auch zur leichteren touristischen Begehung Sicherungen angebracht, die aber kürzlich von „Umweltschützern" wieder entfernt wurden. Die Erforschung und Vermessung der Höhle ist im wesentlichen abgeschlossen.

Talort: Einsiedel bei Walchensee, 804 m.

Zugangsbeschreibung: Von Einsiedel aus folgt man der Bundesstraße 11 in Richtung Krün, vorbei an der Abzweigung der Mautstraße durch die Jachenau, einer rechts gelegenen Abzweigung nach Obernach und einer weiteren nach rechts über eine Brücke führenden Abzweigung und erreicht etwa 50 m nach dem Kilometerschild 82,5 einen nach rechts abzweigenden Forstweg. Dieser ist nach etwa 150 m für Kfz. gesperrt. Man folgt nun diesem Weg entlang der Obernach, bis man etwa nach fünf Gehminuten eine Brücke erreicht. Unmittelbar nach der Brücke über die Obernach verläßt man die Forststraße scharf nach rechts und folgt nun dem linken Bachufer. Einige weitere kleine Seitenbäche überquerend, gelangt man nach etwa 5 Min. zu zwei versetzt stehenden Hochspannungsmasten. Zwischen diesen wendet man sich scharf nach links, dem Ostabhang des Simetsbergs, zu. Man trifft bald auf einen in den Fels eingekerbten, nur schwach wasserführenden Wildbach. Längs dieses Bachufers steigt man, bisweilen Steigspuren folgend, durch den Hochwald steil bergauf. Nach etwa 15 Min. Gehzeit (etwa 150 Höhenmeter) trifft man auf einen großen Wandabschluß, an dessen unterem Ende der Bach entspringt. Hier liegt auch der untere Höhleneingang. 10 m links über dem unteren Eingang liegt auf 970 m Seehöhe der kleinere, obere Eingang.

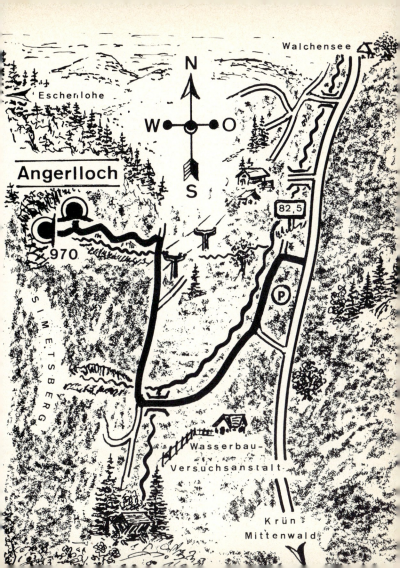

2 Angerlloch
Estergebirge

Raumbeschreibung: Der Einstieg in die Höhle erfolgt über den oberen Eingang. Zu Beginn steigt man etwa 7 m empor und folgt dann dem Gang, der sich ein kleines Stück horizontal in den Berg hineinwindet. Hat man die ersten 20 m (teilweise in gebückter Haltung) überwunden, erreicht man eine relativ steil abfallende Wandstufe, an der sich der Gang verzweigt. Links führt ein horizontaler Gang ab, der nach etwa 15 m an einer gut 10 m tiefen Wandstufe sein vorläufiges Ende findet. Von hier aus sieht man hinab in tiefer liegende Höhlenteile (direktes Abklettern schwierig). Man folgt bei der erwähnten Abzweigung rechts dem etwas größeren Gang über mehrere steile Stufen hinab, bis man schließlich zu einer ebenen Gangerweiterung kommt. Dieser Gangteil ist mit Schotter erfüllt und zeitweise wasserführend. Hier gabelt sich der Gang spitzwinklig. In gerader Verlängerung führt der Gang zum unteren Höhleneingang (zeitweise überschwemmt und unpassierbar). Man folgt an der beschriebenen Gabelung dem rechten Gang im spitzen Winkel und gelangt über eine kleine Halle (Christbaumhalle), die mit allerlei Inschriften versehen ist, zu einer weiteren Halle, die sich unter dem erwähnten Wandabsturz des Seitenganges befindet. Hier trifft man auf den Höhlenbach, der im Geröll versickert. Man folgt dem Höhlenbach, der aus einem Cañon über schöne Sinterbecken herabfällt. Ein See wird links auf einem verankertem Baumstamm überquert, bis man schließlich, über Sinterkaskaden aufsteigend, zu einem weiteren höhergelegenen See gelangt. Hier wird der ebene Weiterweg durch das Wasser versperrt. An dieser Stelle, man steht auf der obersten Sinterstufe, klettert man senkrecht die linke Cañonwand hinauf (Schwierigkeitsgrad II und I), bis sich nach etwa 7 m Höhe oberhalb dieses Sees ein Gang fortsetzt. Dieser relativ geräumige Gang wird bald wieder zum Cañon. Hier hält man sich anfangs am rechten Rand. Einige Wassergumpen können trockenen Fußes umstiegen werden. Vorbei an einer ebenen Stelle (hier befand sich früher das Höhlenbuch) kommt man zum Volksbad, einem längeren See. An dieser größeren, wassererfüllten Stelle, die bis zu einem Wandabschluß reicht, steigt man an der rechten

Angerlloch: Das „Volksbad".

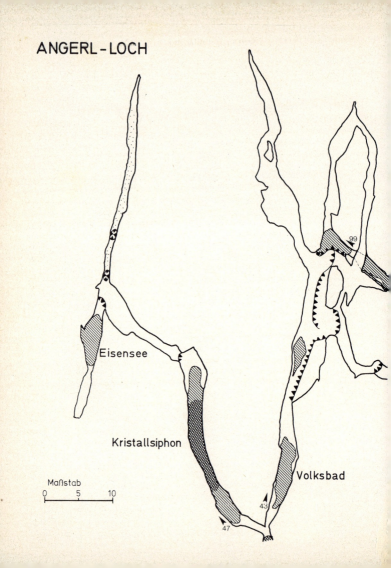

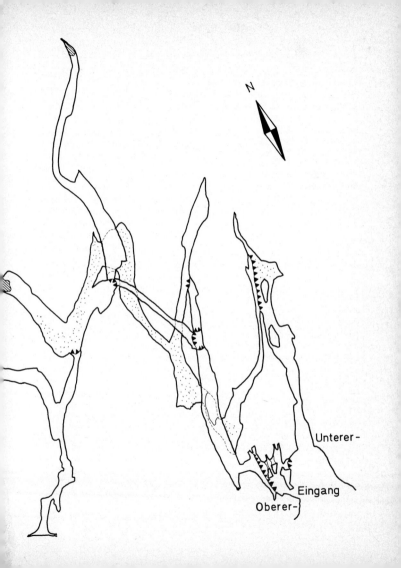

Höhlenwand, teilweise auf Reibung, dann wieder alte Steigklemmen benützend, zur Fortsetzung des Ganges auf. Dieser Gang endet bald an einem Syphon. Kurz davor zweigt nach rechts ein kurzer Gang zum Kristallsyphon ab. Dieser etwa 25 m lange, wassererfüllte Stollen kann bei Niedrigwasser (etwa nach Abhebern mit einem Schlauch) mit einem Boot überwunden werden. Hat man den Kristallsyphon überquert, erreicht man einen etwa 7 m hohen, lehmverschmierten Wandabschluß, der anfangs nahezu senkrecht und nicht leicht zu überklettern ist. In der Gangfortsetzung oberhalb der Lehmwand befinden sich einige Tropfsteine. Der Gang mündet schon nach wenigen Metern überhängend in einen Abgrund. Ein Absteigen oder Abseilen (etwa 5—8 m) an dieser Stelle ist nicht lohnend, da der Abgrund auf der einen Seite durch den Eisensee, einem Syphon, und auf der anderen Seite nach etwa 40 m aufsteigenden Ganges durch Verengung abgeschlossen ist. An dieser Stelle liegt auch einer der tagfernsten Punkte der Höhle. Der Rückweg aus der Höhle erfolgt in umgekehrter Reihenfolge wie der Einstieg.

Ausrüstung: G

Schwierigkeit: Die Höhle ist verhältnismäßig leicht zu begehen. Klettertechnisch haben Ab- bzw. Anstiege in den beschriebenen Hauptgängen etwa den Schwierigkeitsgrad II. Für die Überwindung des Kristallsyphons benützt man ein Boot. Eine Begehung von Seitengängen ist teilweise schwierig.

Gipfelanstieg im Höhlenbereich:

Simets-Berg, 1837 m. Man folgt entweder der Forststraße oder steigt an der Brücke über die Obernach direkt auf den Simets-Berg zu (Steigspuren). Diese Steigspuren treffen nach einigen Kehren wieder auf die Forststraße. Man überquert sie (Diensthütte) und folgt dem Weg, vorbei an einer weiteren Diensthütte, bis zum Gipfel.

Angerlloch: Beim Überqueren des Kristallsiphons.

3 Sonntagshornhöhle, 1940 m
Chiemgauer Alpen

Allgemeine Beschreibung

Charakter: Trockene Schachthöhle.

Länge: 760 m; Gesamthöhenunterschied: 230 m.

Erforschungsgeschichte: Der Eingang der Höhle, nur wenig unterhalb des Sonntagshorngipfels gelegen, ist schon lange bekannt. 1935 drangen erstmals bayerische Bergsteiger bis zum „Bayerndom" vor. Erst 1958 stießen Unkener Kletterer bis in eine Tiefe von etwa 100 m vor (Unkener Dom). In einem weiteren Vorstoß gelang es 1958 bis zum jetzigen Ende der Höhle, in 230 m Tiefe, vorzudringen. Die Höhle ist zum Teil erforscht und vermessen.

Besonderheit: Die Höhle zeigt in manchen Teilen (Tropfsteingalerie) für den alpinen Bereich einen reichen Tropfstein- und Sinterschmuck auf. So finden sich in der Tropfsteingalerie riesige alte Tropfsteine (etwa 50 cm Durchmesser), die zum Teil umgestürzt sind.

Talort: Unken, 564 m.

Zugangsbeschreibung: Der günstigste und kürzeste Aufstieg erfolgt vom Heutal aus. Von Schneizelreuth über den Steinpaß nach Unken. In Unken zweigt man rechts ab und fährt über den Sonnenberg hinauf zum Heutal (Parkgelegenheit, Gasthaus).

Von dort steigt man auf bez. Wanderweg zur Hochalm und dann in weiten Kehren empor zur pyramidenförmigen Spitze des Sonntagshorngipfels. Vom Gipfel aus erreicht man, dem Weg nach NO folgend, ein nach SO abfallendes Felsband. Hier quert man einige Meter auf dem Felsband, bis man den Eingang erreicht. Aufstiegszeit: Heutal (Parkplatz) — Sonntagshorn 2¹/₂ st.

Raumbeschreibung: Der Einstieg in die Höhle verengt sich bald zu einem engen Schluf, der nach nicht ganz 10 m zu einer Kammer führt. Hier leiten zwei parallel übereinander verlaufende Höhlenäste weiter. Der eine obere Ast ist etwas leichter zu begehen. Der untere Etagenteil wird von der oben erwähnten Kammer über einen etwa 20 m tiefen Schacht er-

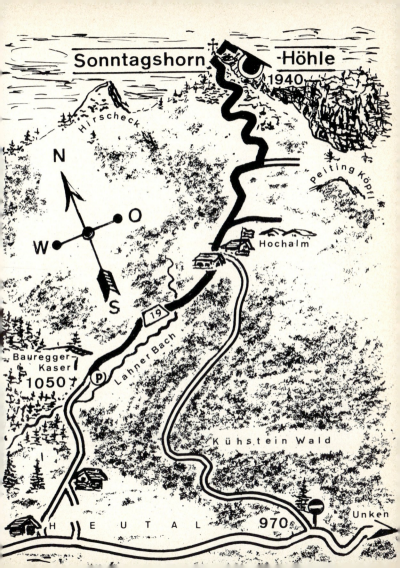

3 Sonntagshornhöhle — Chiemgauer Alpen

reicht. Dieser Schacht mündet in den Bayerndom. Am Grund des Domes steigt man über Geröll bis zum tiefsten Punkt ab und folgt nun durch den schlufartigen Durchstieg dem geräumiger werdenden Gang. Decken und Höhlenboden sind hier teilweise schön übersintert. Von rechts oben einmündende Seitenspalten führen nach wenigen Metern wieder in den geräumigen Höhlengang. Nach einer Wandstufe endet der untere Gang. Vorbei an einem noch teilweise unerforschten Schacht wieder in die Gänge des oberen Höhlenastes.

Leichter und bequemer folgt man dem oberen Gangteil. Dieser führt etwa mit 30° Neigung, ebenfalls geräumig, in den Berg. Auch diese obere Etage ist mit prächtigem Tropfsteinschmuck versehen. Nach etwa 70 m Ganglänge verzweigt sich der obere Ast und führt einmal nach rechts hinunter (teilweise kletterbar) zur unteren Etage und zum anderen nach wenigen Metern horizontal durch einen Schacht, ebenfalls zur unteren Etage. Von hier fällt der etwa 38 m tiefe Schacht zum Unkener Dom ab. Die Gesamthöhendistanz von der oberen Höhlenetage bis zum Grund des Unkener Doms beträgt über 50 m. Diese größte Halle der Höhle ist über 30 m lang, 10 m breit und etwa 30 m hoch. Im Nordwestteil des Doms bricht ein nach 40 m Tiefe verstürzter Schacht an. Folgt man dem Unkener Dom zu seinem südl. Ende (in gerader Verlängerung vom Eingang), so muß man durch den Felsbalkonschacht über zwei 15-m-Stufen weiter absteigen. Die nun ansetzende Fortsetzung führt direkt hinunter zur Tropfsteinkluft, dem wohl schönsten Teil der Höhle. Die Tropfsteinkluft ist geräumig und zieht sich leicht gangbar mit etwa 30° Neigung abwärts. Hier trifft man den größten Tropfsteinreichtum und Formenreichtum an Sintergebilden an. In Seitennischen finden sich Tropfsteine in allen Größen. Sinterkaskaden, teilweise von weißer Bergmilch überzogen, und Tropfsteinvorhänge wechseln sich ab. Oft liegen bis zu mannshohe Tropfsteinriesen umgestürzt über dem Weg. Nach nicht ganz 50 m gelangt man in eine geräumige Kammer mit großen Tropfsteinen. Von hier erreicht man, der Tropfsteingalerie über Geröll folgend,

---

Sonntagshornhöhle: „Auslotung" eines Schachtes mittels der Fallzeit eines Steines.

SONNTAGSHORNHÖHLE

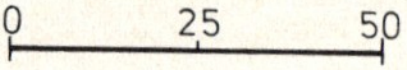

Maßstab

0   25   50

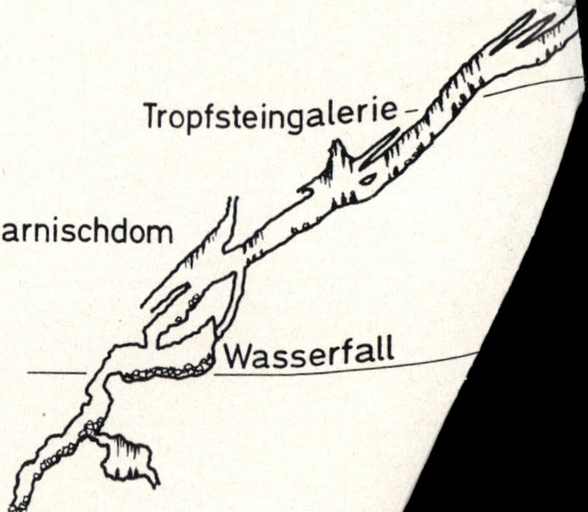

Aufriß

Tropfsteingalerie

Harnischdom

Wasserfall

Endversturz

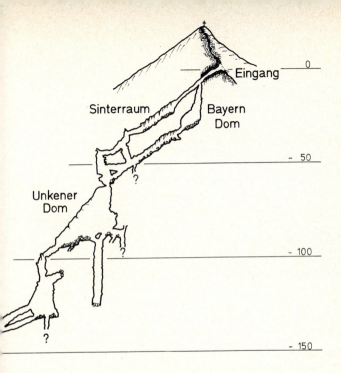

Aragonitkristalle.

den gut 40 m langen Harnischdom mit riesigen Harnischflächen (durch Reibung verschiedener Gesteinspakete blank polierte Flächen). Mit einer abbrechenden Wand ist nun bald der Endversturz in 230 m Tiefe erreicht. Beste Begehungszeit: Sommer bis Herbst.

Eine Zeitangabe für die Befahrung ist von der jeweiligen Ausrüstung (Jümar, Steigklemmen bzw. Drahtseilleitern) und der Anzahl der Personen abhängig.

Ausrüstung: G + S

Schwierigkeit: Die Höhle fordert mehrere Schachtabstiege, die gute Ausrüstung und Kondition verlangen. Auch klettertechnische Schwierigkeiten müssen überwunden werden.

Gipfelanstieg im Höhlenbereich: Die freistehende Pyramide des Sonntagshorns ist ein schöner Aussichtspunkt.

Kolowrathöhle: Oft bilden sich unter den mächtigen Eiswällen große Hohlräume aus. (Tour Nr. 7)

4 Lamprechtsofen, 664 m
Leoganger Steinberge

Allgemeine Beschreibung

Charakter: Große, aktive Wasserhöhle.

Länge: 12 575 m, Gesamthöhenunterschied: 750 m.

Erforschungsgeschichte: Die Höhle ist seit Jahrhunderten bekannt und wurde schon früh von Schatzgräbern besucht. Mehr als 200 Skelette zeugen vom Schicksal der Goldsucher, die in Scharen, mit dürftiger Beleuchtung (Kienspäne) ausgerüstet, immer wieder diese leicht zugängliche Höhle aufsuchten. Dies war auch der Grund, daß der Lamprechtsofen in den Jahren 1701 und 1723 von der salzburgischen Regierung mit starken Gittern versehen und zugemauert wurde. Die gewaltigen Hochwasser der Schneeschmelze zerstörten jedoch jedesmal wieder die Absperrungen.

Eine erste systematische Erforschung und Planaufnahme setzte erstmals 1833 durch den Forstmeister Johann Georg Ferchel und seine Kameraden ein. 1883 wurde die Höhle für touristische Besucher erschlossen. Seit 1899 hat die Sektion Passau des DAV die Höhle als Schauhöhle in Pacht. Ab Winter 1963/1964 werden alljährlich große Forschungsexpeditionen durchgeführt. Allein in den letzten 8 Jahren wurden über 5 km Neuland erkundet und vermessen. Zur Erleichterung der Forschungsarbeiten in dieser teilweise sehr schwer begehbaren Höhle wurde 1966 neben dem Führerhaus eine gemauerte Forscherhütte erbaut. Die Erforschung ist noch nicht abgeschlossen.

Besonderheit: Der Lamprechtsofen ist ein riesiges Entwässerungssystem der Karsthochfläche östlich des Kammes Rotschartl-Lahnerhorn, in dem drei wesentliche Höhlenbachsysteme auftreten. Schon bei kurzfristigem Witterungsumschwung (Wolkenbrüche) oder Einsetzen von Schneeschmelze wird der Eingang durch Hochwasser unpassierbar.

Im Südgang findet man bis zu 1 m lange Sinterröhrchen, ebenfalls im Perlengrund schmücken Tropfsteine aber auch Sinterfahnen, Excentriques und Höhlenperlen die Höhlenräume.

Talort: Weißbach im Tal der Saalach, 659 m.

Leoganger Steinberge   Lamprechtsofen 4

Zugangsbeschreibung: Von Bad Reichenhall über Schneizlreuth und den Steinpaß in Richtung Lofer. Die Höhle liegt unmittelbar an der Saalachtal-Bundesstraße Nr. 168 zwischen den Ortschaften St. Martin und Weißbach bei Lofer.

Raumbeschreibung:

1. Schauhöhlenteil

Nach dem großen Eingangsportal führt der Weg durch einen freigesprengten Gang entlang des Höhlenbaches zur ersten, großen Raumerweiterung, der Trümmerhalle. Hier kann man an der Ostseite, abseits des Führungsweges durch Erklettern einer Spalte noch bis zum Brillensee und zum Fledermausfriedhof absteigen. Die Führung geht von der Trümmerhalle weiter hinauf in die 15 m breite und 30 m lange Frauenhöhle und von dort zur Kanzlergrotte. Hier zweigt der für Schauhöhlenbesucher gesperrte Hachelgang ab, der in die hinteren, tagferneren Höhlenteile führt. Der ausgebaute Besucherweg zieht sich von der Kanzlergrotte durch das Ofenloch in die 110 m lange Steinerhalle und schließlich in mehreren Kehren hinauf bis zu einer Brücke, die gleichzeitig das Ende des Führungsweges darstellt.

Hinweis: Der betonierte Führungsweg bis zum Rehabersteig wird elektrisch beleuchtet. Der Schauteil ist darüber hinaus noch mit einer elektrischen Hochwasserwarnanlage versehen, um einen gefahrlosen Schauhöhlenbetrieb zu gewährleisten. Das Höhlenportal und der Hachelgang sind für Nichtmitglieder verschlossen.

2. Der nicht für Schauhöhlenbesucher erschlossene Teil:

Vom Endpunkt der Schauhöhlenführung leitet noch der Rehhabersteig (Klettersteig) zur Rehabergrotte mit einem großen Wasserfall; folgt man von hier weiter dem Höhlenbach steil empor zum Plenicarsee, so erreicht man ein 10 m langes, von Forschern gegrabenes Lehmloch, den Taifunschluf. Starker Wind durchbläst diesen Durchschlupf, der in die große Südhalle führt. Hier ist auch in 480 m horizontaler Entfernung vom Eingang das Ende dieses Höhlenteiles erreicht. Die Hauptfortsetzung fängt, wie schon erwähnt, mit dem Hachelgang an. Zuerst führt er zu einem Siphon hinab, der aber bei

Hochwasser durch die Hachelgangüberführung umgangen werden kann. Der Hachelgang führt bald eben weiter, vorbei an einem unbedeutenden Seitenast, bis nach Osten der Weihnachtsgang ansetzt. Dieser Höhlenteil zieht sich über die Oberhuberhalle und durch den Bogengang mit seinen bizarren Lehmstalagmiten und Sintergebilden bis zum Perlengang. Letzterer verdient aufgrund der reichen Excentriquesvorkommen, Höhlenperlen und Sintergebilden besondere Erwähnung. Der Hauptgang führt von der Abzweigung zum Weihnachtsgang weiter nach Südwesten, verengt sich bald und mündet in eine 10 m breite, 35 m lange und 22 m hohe Halle ein. Hier hört man den Steinbach rauschen, der durch den Smaragdsiphon in diese Halle einfließt. Durch eine von zwei Erosionsröhren führt der Forscherweg nun, am Smaragdsee vorbei, weiter durch die Hachelklamm, in schwieriger Kletterei hinauf zur Abelsüberführung, bis er am Poldisee vorläufig endet. Zur Erleichterung der Forschungsexpeditionen wurden hier und im weiteren Gangverlauf verschiedentlich Materialseilbahnen installiert. Vom Poldisee erreicht man über einen Druckstollen die nächste Barriere, den Bocksee. Durch den künstlich geschaffenen Bockseestollen geht es weiter über einen Wasserfall (Pokal) empor bis zur Teilung. Der linke Ast endet, immer begleitet durch den Steinbach, am beeindruckenden Schleierfall. Der rechte Gangteil beginnt mit dem Kletterwandl, steigt gesichert bis zur Passauer Kluft empor und erreicht den höchsten Punkt im gewaltigen Lamprechtsdom. Tunnelartige Gänge und Cañons, die teilweise mit einer Seilbahn überquert werden können, lösen sich nun ab. Oft müssen tiefe Wasseransammlungen (Trittsteinsee, Kniesee) durchwatet oder auf instabilen Flößen (Schläuche aus Autoreifen) überwunden werden. Vom „Kap der guten Hoffnung" aus gestattet nur noch ein Boot ein weiteres Vorankommen über den 50 m langen Grünsee. Gleich der nächste See, das 25 m lange Meerauge, schließt sich an. Erst am anderen Ufer betritt man wieder Festland. Der Hauptgang wendet sich bald im spitzen Winkel nach Westen, um sich nach einem 10-m-Strickleiterabstieg am Ostufer des Schlingersees und der

Lamprechtsofen: Der Hachelgang. Foto: Herbert Wimmer.

LAMPRECHTSOFEN

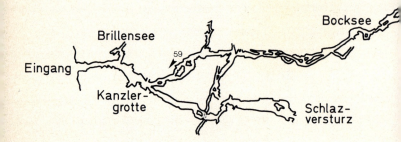

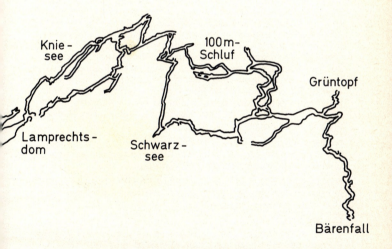

Teufelsmühle zu verzweigen. Nach Norden führt der Biwakgang zur Isoldengrotte. Hier wird die Sommermonate über wegen des Hochwassers Forschungsmaterial gelagert. Die Hauptrichtung mündet in den Hacheldom, wo erneut ein Seitenast ansetzt. Die Seitenfortsetzung endet nach teilweise schwieriger und ausgesetzter Kletterei am Nordende des Schwarzseesiphons.

Auch die andere Verzweigung im Hacheldom – sie hängt mit dem südseitigen Teil des Schwarzseesiphons zusammen – bleibt nur ausdauernden und gewandten Höhlenforschern vorbehalten. Extremste Verhältnisse schaffen sowohl schwierige und langwierige Klettereien, als auch vollkommene Durchnässung. Namen für Höhlenteile wie etwa Marterschluf, Suhle, Lehmschluf, Lehmsümpfe oder Schlammquetsche verdeutlichen die harten Anforderungen an Mensch und Material. Obwohl die hinter dem Hacheldom ansetzenden Gangsysteme zu den unangenehmsten und schwierigsten Höhlenteilen gehören, entschädigen doch die brausenden Wasserfälle (Kesselfall, Bärenfall) für die Mühen. In diesem Bereich des Lamprechtsofens befindet sich auch die größte Vertikalausdehnung (etwa 750 m). Die Felsüberdeckung am tagfernsten Punkt liegt etwa bei nur noch 150 m.

Hinweis: Wer an einer Forschungsexpedition (regelmäßig in den Wintermonaten) teilnehmen will, wende sich an den Landesverein für Höhlenkunde in Salzburg.

Ausrüstung: Für den Schauhöhlenteil benötigt man keine besondere Ausrüstung. Ansonsten, expeditionsmäßige Ausrüstung für mehrere Tage.

Schwierigkeit: Ein Vordringen in den Nichtschauteil ist teilweise schwierig bis sehr schwierig. Um an die tagfernsten Punkte der Höhle zu gelangen, benötigt man ein erhebliches Maß an Ausdauer und Kondition. Zur Erleichterung der Weiterforschung des Lamprechtsofens sind versicherte Steige (Eisenstifte, Halteseile, Seilbahnen, Seilbrücken, Stahlseilleitern), eine 2 km lange Telefonleitung und mehrere Biwaks eingerichtet.

Schrecksatteleishöhle: Eisformationen im „Alten Teil" (Tour Nr. 6).

5 Adventhöhle, 700 m
Berchtesgadener Alpen (Müllnerberg)

Allgemeine Beschreibung

Charakter: Aktive Wasser- und Schachthöhle.

Länge: Etwa 350 m, Gesamthöhenunterschied etwa 110 m.

Erforschungsgeschichte: Die Höhle wurde im Advent 1955 entdeckt und bis zu einer Tiefe von etwa 40 m befahren. Anfang der siebziger Jahre wurde die Höhle in mehreren Forschungstouren bis zur heute bekannten Tiefe von 105 m befahren, ohne daß ein Ende erreicht wurde. Erforschung und Vermessung sind noch nicht abgeschlossen.

Besonderheit: Die Adventhöhle weist farbenprächtige Sinterbildungen auf (Höhlenperlen); sie stand vermutlich einmal im Zusammenhang mit der etwa 20 m höhergelegenen Pfingsthöhle. Die Pfingsthöhle, ebenfalls eine aktive Wasserhöhle, steigt etwa 170 m an; die Befahrung ist äußerst schwierig. Da die Adventhöhle an dem bis 1976 befahrenen Endpunkt sehr großräumige und vielversprechende Fortsetzungen hat, bietet sich die Möglichkeit größerer Neulanderkundungen.

Talort: Bad Reichenhall, 470 m.

Zugangsbeschreibung: Der Eingang der Adventhöhle liegt am Südhang des Müllnerhorns, etwa gegenüber der Ansiedlung Baumgarten. Von Bad Reichenhall fährt man, entlang am orographisch linken Ufer des Saalach-Sees, bis Kibling. Ab hier ist die Forststraße für den öffentlichen Verkehr gesperrt. Man folgt nun der Forststraße, die weiter nach Fronau führt, bis zur dritten Brücke (etwa 3 km). 150 m nach dieser Brücke weitet sich am rechten Wegrand ein kleiner Platz (Holzlagerplatz, Parkgelegenheit). Man steigt von hier durch den Wald zu einer nur einige Meter oberhalb gelegenen kleinen Felswand, von hier in einen Graben und auf Schutt etwa 30 Min. bis zum Fuße einer größeren Felswand auf. Vom Ende des Grabens am Fuße der Felswand steigt man 15 m nach rechts hinauf zu einer Fichte, die auf einem kleinen Felsvorsprung steht. Hier öffnet sich nun der unscheinbare Eingang. Bei größeren Unternehmungen empfiehlt es sich, um eine Fahrgenehmigung für die, von Kibling nach Fronau führende, gesperrte Forststraße zu ersuchen.

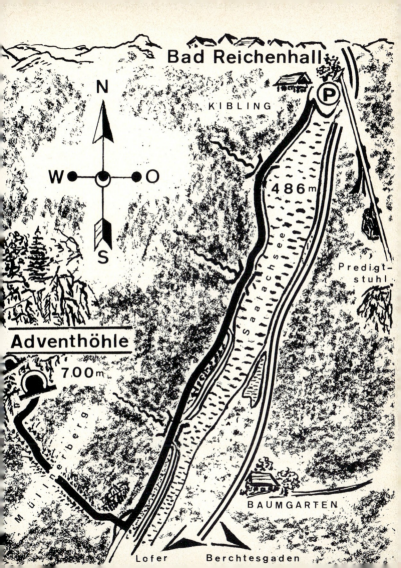

ADVENTHÖHLE

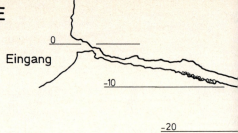

Eingang

0
−10
−20
−30

Maßstab
0　　10　　20

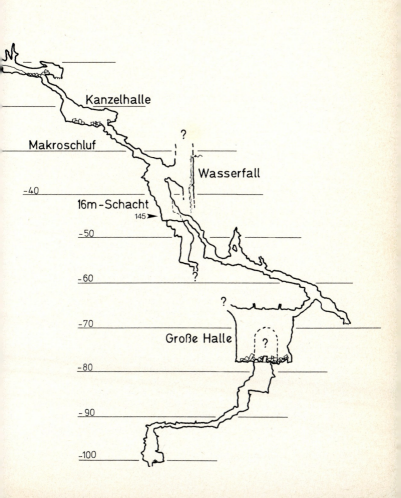

5 Adventhöhle — Berchtesgadener Alpen (Müllnerberg)

Raumbeschreibung: Das trichterförmige Eingangsportal verengt sich bereits nach wenigen Metern zu einem engen Schluf. Nach etwa 10 m verlehmter Schlufstrecke weitet sich der Gang etwas. In gebeugter Haltung steigt man teilweise über Geröll stetig tiefer. Über eine Rampe, vorbei an einer Gangerweiterung, die blind endet, gelangt man zu einer etwa 6 m tiefen Wandstufe, die mit einem Bergseil oder mit einer Trittleiter überwunden wird. Man befindet sich nun in der lehmerfüllten Kanzelhalle. Hier schließt der sog. Makroschluf an. Er führt direkt zum Einstieg in den 16-m-Schacht. Dieser steht in Verbindung mit zwei weiteren Schächten. In einen dieser Schächte — man kann ihn über ein Querband unterhalb des Einstieges in den 16-m-Schacht oder vom Schachtgrund aus erreichen — stürzt ein Wasserfall. Beim Einstieg durch das Fenster in den Schacht ist ein Abseilhaken geschlagen. Hier hängt man entweder eine Stahlseilleiter oder ein Bergseil ein. Bei Verwendung eines Bergseiles ist unbedingt darauf zu achten, daß ein Scheuern des Seiles auf dem nassen Felsuntergrund vermieden wird. (Erfahrungen aus vorangegangenen Befahrungen haben gezeigt, daß selbst 12-mm-Perlonseile, wenn sie nicht reibungsfrei — Umlenkrollen — verlegt werden, reißen.) Am Grund des 16-m-Schachtes zweigen drei Gänge ab. Der größere und ein Seitenschluf münden beide in jenen Parallelschacht ein, in den der Wasserfall hinunterstürzt. Der dritte Gang (Windloch), etwas über dem Schachtgrund, zweigt nach rechts ab. Diese Fortsetzung weist starken Luftzug auf. Folgt man dem größeren der drei Gänge über eine kleine Wandstufe hinab in den Parallelschacht, muß man abermals etwa 12 m abseilen (Abseilhaken vorhanden). Am Schachtgrund folgt man nun dem Wasserlauf über eine weitere, kletterbare Wandstufe zum nächsten Schacht. Dieser etwa 8 m hohe Abbruch kann nur durch den direkten Wasserfall abgeseilt werden. Der Boden ist mit Wasser erfüllt, das über einen weiteren Wasserfall abfließt. An dieser Stelle kann man dem Wasserlauf durch eine Seitenumgehung ausweichen. Am Grund des Wasserfalls mündet der Umgehungsgang ein. Von hier führt ein bis zu einem Drittel mit Wasser erfüllter Schluf in den nächsten

Adventhöhle: Leiterabstieg.

5 Adventhöhle — Berchtesgadener Alpen (Müllnerberg)

Schacht. An dieser Stelle wurde die Weitererforschung abgebrochen.

Folgt man am Grund des 16-m-Schachtes der rechten, stark bewetterten Fortsetzung, dem sog. Windloch, so gelangt man bald in verhältnismäßig großräumige, vielversprechende, unerforschte Höhlenteile. Zuerst schluft man über lehmigen Grund hinab, dann weiter durch etwas geräumigere Kammern, bis zur Makaroni-Kammer. Sie verdankt ihren Namen einem 15 cm langen „Makaroni"-Stalaktiten. Hier gabelt sich auch der Gang. Der in gerader Verlängerung weiterführende Gang endet nach 10 m blind. Der andere Gang mündet nach wenigen Metern in die Wand einer 15 bis 20 m hohen und ebenso langen Halle ein. An dieser Stelle befindet sich ein Abseilhaken. Das Ende dieser Halle ist mit großen Versturzblöcken, die sich zu einer Art Zwischendecke verkeilt haben, bedeckt. Unter diesen Versturzblöcken befindet sich ein weiterer Hohlraum von etwa 4–5 m Höhe, dessen Boden mit Wasser bedeckt ist. Am Hallenende führen mehrere Fortsetzungen ab. Eine Abzweigung führt zu einem Schacht unbekannter Tiefe. Eine weitere verläuft geräumig etwa 100 m in horizontaler Richtung. Auch dieser Gang weist weitere Fortsetzungen auf, die ebenfalls wie dieser Hauptgang, noch nicht weiter erforscht wurden. Eine Dauer für die Begehung ohne Neulanderkundung ist schwer anzugeben, da die technisch schweren Stellen viel Zeit in Anspruch nehmen können. Je nach Ausrüstung (Steigklemmen) dauert der Ausstieg aus der Höhle länger als der Einstieg. Es kann aber angenommen werden, daß eine Befahrung selten unter 5 st dauert. Beste Zeit ist der Winter, da in dieser Jahreszeit die geringste Wasserführung liegt.
Siehe auch Abb. S. 145.

Ausrüstung: G + S

Schwierigkeit: Die Befahrung der Höhle ist aufgrund stark verlehmter und wasserführender Schächte und Schlufstrecken schwierig. Kenntnisse im Abseilen und Aufsteigen mit Steigklemmen bzw. Trittleitersteigen sind Voraussetzung. Eine vollkommene Durchnässung des Höhlenbegehers ist bereits am Grund des 16-m-Schachtes gegeben. Die Mitnahme von wasserdichter Kleidung empfiehlt sich.

Schrecksattel-Eishöhle, 1560 m   6
Berchtesgadener Alpen (Reiteralpe)

Allgemeine Beschreibung

Charakter: Eishöhle mit Trockenteilen und Schächten.
Länge: Etwa 550 m, Gesamthöhenunterschied: Etwa 80 m.
Erforschungsgeschichte: Die schon seit langem bekannte Höhle wurde 1920 durch Robert Oedel und R. Scharger erstmalig genauer erforscht und vermessen. Diese und spätere Forschungen beschränkten sich auf die heute als „Alter Teil" bekannte Höhle. Erst in jüngster Zeit wurde der etwas versteckte oberhalb des alten Teils gelegene Eingang zum „Neuen Teil" erforscht und vermessen.
Besonderheit: Der „Alte Höhlenteil" weist in den 30° abfallenden Gängen teilweise permanentes Sohleneis mit jahreszeitlich bedingten Eisfiguren auf. Der „Neue Teil" enthält im vorderen Bereich während des Frühjahrs und Frühsommers bizarre Eisfiguren. Der hintere Teil der Höhle ist mit schönen roten und weißen Wandversinterungen (bitte nicht beschädigen) ausgeschmückt. Ein tiefer Schacht im hinteren Höhlenteil ist bis jetzt noch unerforscht.
Talort: Jettenberg, 516 m.
Zugangsbeschreibung: Von Schneizlreuth fährt man zunächst nach Unterjettenberg und von dort weiter in Richtung Oberjettenberg. An der Bundeswehr-Seilbahn auf die Reiteralm vorbei, führt bald eine Forststraße weiter (Schranke, Parkgelegenheit, Wegweiser zur Traunsteiner Hütte). Von hier folgt man zuerst der neuen Forststraße (Wegweiser zur Traunsteiner Hütte), dann auf gut ausgebautem AV-Weg zum Schrecksattel hinauf. Kurz vor einem Marterl (Marienbild in einer Felsnische) folgt man nach rechts Steigspuren, die am Fuße der Felswand etwa 20 m hinauf zum Höhleneingang führen.
Zeiten: Jettenberg — Höhle 3 st, Höhle — Traunsteiner Hütte ³/₄ st.

Raumbeschreibung:
1. Alter Teil
Vom Eingang steigt man über Versturzblöcke in einen geräumigen Gang bis zu einer etwa 30° nach unten abfallenden

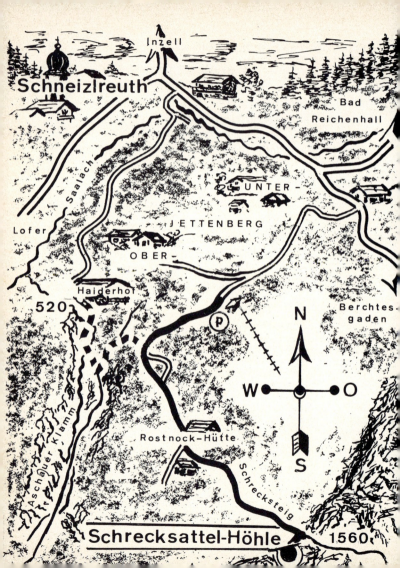

Kluft. Die nach oben weiterführende Fortsetzung der Kluft endet nach etwa 6—8 m blind (Achtung, beim Ausstieg aus der Höhle der Kluft nicht zu weit nach oben folgen!). Die schräg in die Tiefe fallende Kluft weist nach wenigen Metern Abstieg permanentes Sohleneis mit zeitweilig schönen Eisfiguren auf. Kurz bevor sich der Eisteil wieder verengt, setzt oberhalb einer Wandstufe eine Fortsetzung an, die sich bald stark verengt und nach etwa 70 m verlehmt endet. Man folgt vom Eisteil weiter hinab einem lehmigen Schluf und einem etwa mannshohen Gang bis zu einem Klemmblock (Vorsicht, Einsturzgefahr!). Nach Passieren des Klemmblockes setzt eine kleine Wandstufe an, die in eine geräumige Kammer führt. Hier zweigen zwei Fortsetzungen ab. Die erste führt in gerader Verlängerung des Hauptganges schlufartig etwa 20 m teils steil in die Tiefe, bis an einem Versturz ein weiteres Vordringen unmöglich wird.

Die zweite Fortsetzung zieht rückläufig zum Hauptgang durch einen Schluf in eine enge aber hohe Kluft. Die Kluft bietet nur nach oben eine Fortsetzung, die jedoch bald unpassierbar eng wird.

Siehe auch Abb. S. 63.

2. Neuer Teil

Der Eingang des „Neuen Teils" liegt etwa 15 m oberhalb des „Alten Teils". Man steigt vom „Alten Teil" nach rechts in die Felswand und klettert in einem kaminartigen Riß 15 m hinauf zum Eingang des „Neuen Teils" (etwas schwierige Kletterei, III; Sicherungshaken).

Vom Eingang führt der Gang geräumig über Schutt hinab zu einem ebenen Eisboden. Dem Eisboden folgt man, bis nach wenigen Metern das Gangende erreicht ist und steigt hier senkrecht (Stemmkamin) 3 m in die Höhe, bis die weitere Fortsetzung des Kluftganges erreicht ist. Von hier führt ein gut mannshoher Tunnel mit schönem Spitzbogenprofil vorwiegend horizontal weiter bis zu einer kleinen Halle. Hier steigt man kurz über Felsen auf und überspreizt einen 10 m tiefen Schacht (sichern!). Der anschließende Sintergang verläuft geradlinig eben weiter, bis man neuerlich in einer Halle auf einen Schacht unbekannter Tiefe trifft. Die geradlinige Fortsetzung des Hauptganges endet bald versintert. Über-

SCHRECKSATTEL - EISHÖHLE

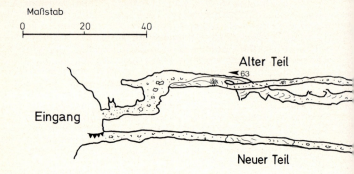

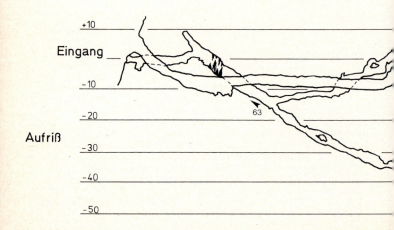

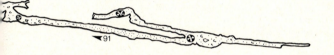

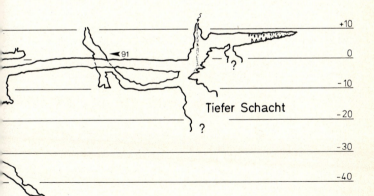

klettert man den unerforschten Schacht (sichern!), so kann man eine Kluft etwa 30 m bis zu einem weiteren, noch unerforschten Schacht befahren. Die Befahrung beider Höhlen fordert etwa 2 st.
Siehe auch Abb. S. 91.

Ausrüstung: G

Schwierigkeit: Aufstieg zum „Alten" Höhlenteil unschwierig. Anstieg zum „Neuen Teil" etwa III (Seil). Ebenfalls empfiehlt sich die Mitnahme eines Seiles in den Neuen Höhlenteil zum Sichern (Schachtüberquerung erfolgt auf Reibung und ist ausgesetzt). Auch ist es ratsam, den Neuen Teil zuerst zu befahren, da beim Aufstieg zum Eingang die Schuhe noch nicht verlehmt sind.

Gipfelanstieg im Höhlenbereich: Als Stützpunkt für diese Höhlentour bietet sich die neue Traunsteiner Hütte an (DAV-Sektion Traunstein, ganzj. bew., mit Ausnahme von November und Dezember; 25 B., 120 M., 30 L.).

Sommerbergfahrten: Plateauwanderungen; der Große Weitschartenkopf, 1930 m, bietet einen guten Überblick über das Plateau; 1 st von der Traunsteiner Hütte. Anstieg über die SO-Grashänge.

Skitouren: Von der Traunsteiner Hütte bez. Skitour über den Schrecksattel ins Tal (Jettenberg). Weitschartenkopf 1 st von der Hütte.
Die Gipfel des südöstl. Hochflächenrandes sind alle auf bez. Wegen von der Traunsteiner Hütte aus in 1—2 st erreichbar.

Kolowrathöhle, 1391 m   7
Berchtesgadener Alpen (Untersberg)

Allgemeine Beschreibung
Charakter: Eis- und Trockenhöhle.
Länge: 225 m; Gesamthöhenunterschied: 62 m.
Erforschungsgeschichte: Die Höhle wurde bereits 1845 von dem Senner der Rositten- und Firmianalm entdeckt. Als eine der ersten Höhlen der Ostalpen wurde sie 1846 mit Unterstützung durch den Minister Anton Graf Kolowrat mit Steiganlagen versehen. 1876 erfolgte die Aussprengung eines Zugangsweges im Rahmen des Ausbaues des Dopplersteiges, wodurch sie für den Touristenbesuch zugänglich wurde. Durch die Erweiterung des Einganges ist die Eisbildung in der Höhle stark rückläufig.
Besonderheit: Die Höhle besitzt eine mächtige 160 m lange, bis zu 40 m breite und 36 m hohe Halle, in die Tageslicht einfällt. In einigen Teilen sind (je nach Vereisung) schöne Eisfiguren, Eiswälle und Eiskristalle zu finden.
Talort: St. Leonhard bei Salzburg, 450 m.
Zugangsbeschreibung: Von der Bergstation der Untersbergbahn zunächst auf bez. Weg (Dopplersteig) zum Gasthaus Zeppezauerhaus, 1668 m, dann rechts über einen latschenbewachsenen Hang bis zu einer Weggabelung. Hier nach rechts auf dem mit AV-Nr. 460 bezeichneten Dopplersteig (links Reifsteig) bis zum oberen Rand der Dopplerwand und durch diese auf gut ausgebauter Steiganlage bis zu deren Wandfuß. Kurz vor Erreichen des Wandfußes zweigt rechts ein kurzer Steig zu den Gamslöchern/Bärenhorst, 1450 m, ab, deren Höhlenportale in der Dopplerwand deutlich zu erkennen sind. Direkt unterhalb der Dopplerwand überschreitet der Weg einen scharfen Gratausläufer. Hier nach links über einen kleineren aber gut ausgebauten und versicherten Steig direkt zum Höhleneingang am oberen Ende des Nebelgrabens. (Etwa 100 m unterhalb dieser Abzweigung zweigt ein weiterer bez. Weg zur Höhle ab.) Beim Rückweg ist es empfehlenswert, dem Dopplersteig weiter nach Glanegg zu folgen. Von hier besteht eine Postbusverbindung zurück zur Untersbergbahn.
Gehzeiten: Bergstation — Kolowrathöhle ¾ st, Kolowrathöhle Glanegg 1 st.

7 Kolowrathöhle — Berchtesgadener Alpen (Untersberg)

Raumbeschreibung: Durch das verhältnismäßig kleine Höhlenportal betritt man die 120 m lange, bis zu 40 m breite und 36 m hohe, zum Teil vereiste Halle an ihrem höchsten Punkt. Von hier führt ein zwar verfallener, aber nicht schwer zu begehender Steig (Vorsicht, schmierig, glatt!) zu einem Eissee am Hallenboden hinab. An seinem Ende kann man über Geröll und Eis zu einer weiteren, höher gelegenen Eisfläche aufsteigen, die als mächtiger Wall die Halle abschließt. Unterhalb dieser zweiten Eisfläche befindet sich ein weiterer Hohlraum, die „kleine Kolowrathöhle", der durch Randspalten von der Eisfläche aus erreicht werden kann. Bei geringer Vereisung kann man hier durch Löcher in der Eisdecke in die große Halle hinaufschauen.

Weitere Fortsetzungen:

a) Von der die untere Eisfläche begrenzenden Westwand kann man über einen steilen, kaminartig ansteigenden Gang zu einem Fenster in der Decke der Haupthalle gelangen. Hier brachten 1912 die beiden Höhlenforscher Mörk (Erforscher der Eisriesenwelt) und Zangerl einen weißen Holzraben an, der an einer Schnur in der Halle schwebt (Rabenfenster).

b) An der Westseite der Halle, etwas nördlich des obigen Ganges, führt ein 19 m hoher Eisabhang zwischen Hallenwand und Eisfläche in die Tiefe. Nach Überwindung dieses Eisschrundes gelangt man in einen mit schönen Eisfiguren und Eiskristallen geschmückten, etwa 3 m breiten und 30 m langen Gang (Richtergalerie), der über Fortsetzungen bis in 62 m Tiefe verfolgt werden kann.

Siehe auch Abb. S. 55.

Ausrüstung: G

Schwierigkeit: Der Besuch der Haupthalle ist auch Ungeübten bei entsprechender Vorsicht (glitschige Steiganlagen) und Trittsicherheit möglich. Die erwähnten Fortsetzungen fordern Kletterausrüstung und zum Teil Steigeisen.

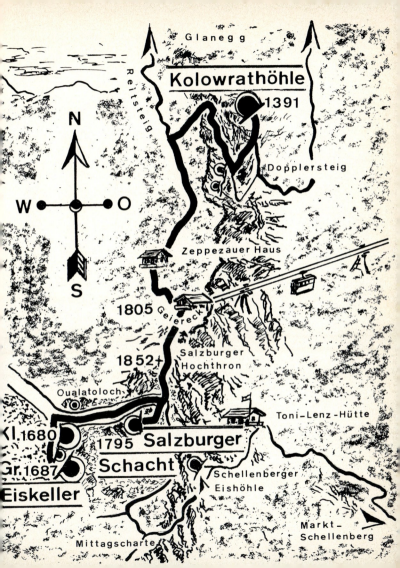

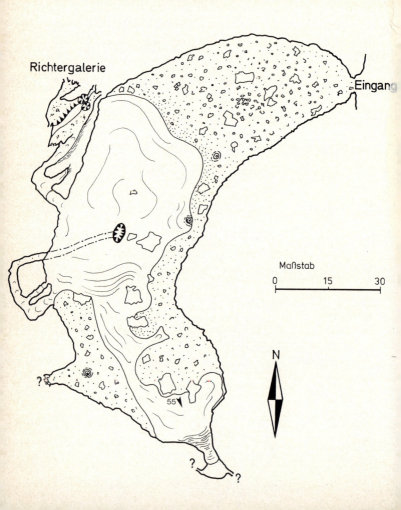

Gamslöcher/Bärenhorst, 1450 m — 7a
Berchtesgadener Alpen (Untersberg)

Zugang: Siehe Zugangsbeschreibung Kolowrathöhle. Gesamtlänge 822 m, Gesamthöhenunterschied 210 m.

Raumbeschreibung: Von dem über eine verfallene Steiganlage vom Dopplersteig aus erreichbaren Höhleneingang gelangt man über eine Folge wandparalleler Gangstücke und Tagöffnungen (Gamslöcher) schließlich in ein großes, in der Dopplerwand befindliches Höhlenportal. Ein niedriger Gang führt von hier zum Bärenschacht, einem 23 m hohen Schlot. Die ersten 5 m dieses Schlotes können in einem seitlich liegenden Kamin (Hermann-Richl-Kamin) mit einer völlig verfallenden Holzleiter umklettert werden, der Rest ist heute, nach Verfall der Steiganlagen, nur noch in ausgesetzter schwieriger Kletterei zu überwinden (glitschig). Der Schlot mündet in eine mächtige, 48 m lange und 20 m breite Halle, den Bärenhorst, in dem durch eine Tagöffnung schwaches Licht fällt. Hier wurden größere Funde von Höhlenbärenknochen gemacht. Vom Bärenhorst (Zugang rechts vom Bärenschacht) führen labyrinthartig verzweigte Gänge (Zwergenlabyrinth, Riesenlabyrinth) zu einem etwa 70 m tiefen Abgrund, dem Höllenschlund, der den (vorläufigen) Endpunkt der Höhle darstellt.

Schwierigkeit: Gamslöcher unschwierig, Bärenhorst und Fortsetzungen schwierige und sehr schwierige Kletterei.

8 Salzburger Schacht, 1790 m
Berchtesgadener Alpen (Untersberg)

Allgemeine Beschreibung
Charakter: Schachthöhle.
Länge: 220 m, Gesamthöhenunterschied 205 m.
Erforschungsgeschichte: Die 1923 entdeckte Höhle wurde erst 12 Jahre später genauer erkundet und in mehreren Expeditionsvorstößen 1935 und später bis in eine Tiefe von 170 m befahren.
Besonderheit: Die 205 m tiefe Schachthöhle wurde noch nicht bis zum Ende befahren. Die Höhle ist — ebenso wie der Große und Kleine Eiskeller — direkt neben der Skitrasse des Untersberges gelegen. Der Schachteingang ist im Winter auch bei extremen Schneelagen offen.
Talort: St. Leonhard bei Salzburg, 450 m.
Zugangsbeschreibung: Man folgt, wie schon beim Zustieg zum Großen Eiskeller beschrieben, dem gut ausgebauten Weg von der Bergstation der Untersbergbahn zum Salzburger Hochthron. Vom Gipfel steigt man wieder hinunter, bis der Weg die deutlich sichtbare Skitrasse kreuzt. (Diese Stelle ist auch im Winter zu erkennen, da die Skiabfahrt wenige Meter vorher durch ein ausgesprengtes Felstor führt.) Der Skitrasse folgt man, vom Weg abzweigend, noch etwa 100 m hinunter. Schon von der Weg-Skitrassenkreuzung aus ist deutlich südl. oberhalb der Trasse eine Versturzzone (Einbruch) erkennbar. Der etwas versteckte Einstieg liegt am rechten, oberen Rand der Versturzzone, etwa 40 m von der Skitrasse entfernt.
Raumbeschreibung: Der Zustieg zum Schacht ist stark verstürzt. Zu Beginn klettert man über eine etwa 5 m tiefe Stufe hinab bis zu einem geröllerfüllten Gang. Dieser Gang fällt ca. 15 m lang schräg ab und mündet an die erste Schachtstufe. Nach etwa 20 m endet die erste Schachtstufe an einem aus Versturzblöcken gebildeten Zwischenboden. Von diesem Zwischenboden aus zweigt ein gut 30 m tiefer Schacht ab, der aber blind endet. Der Hauptschacht führt weitere 23 m in die Tiefe. (Vorsicht, große Steinschlaggefahr)! Vom Grund dieses Schachtes aus kann man bis auf fast — 110 m über mehrere Stufen abklettern. Es folgt nun ein weiterer 40-m- und ein

Salzburger Schacht: Lange Schachtstufen wie hier im Salzburger Schacht werden mit dem Abseilgerät Petzel und Jümar-Steigklemmen überwunden.

anschließender 35-m-Abstieg. Bei −170 m schließt ein neuer Schacht an, der sich aber bald zu einer äußerst engen Spalte verengt. Durch Ausloten wurde hier eine Tiefe von weiteren 30 m festgestellt.

Ausrüstung: G + S

Schwierigkeit: Der Salzburger Schacht ist aufgrund seiner langen Schachtstrecken schwierig und fordert eine gute Kondition. Durch die akute Steinschlaggefahr wird der Abstieg noch erschwert. Eine Begehung, die bis in größere Tiefen führt, fordert eine gute Ausrüstung (Abseilgerät − Petzel und Steigklemmen).

Gipfelanstieg im Höhlenbereich: Siehe Großer Eiskeller (Tour 9).

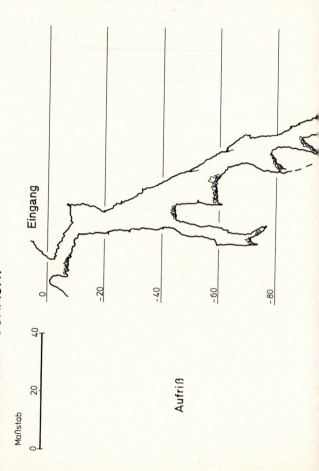

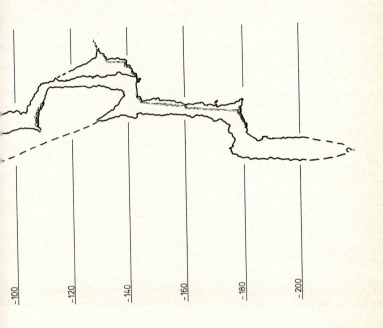

Großer und Kleiner Eiskeller, 1687 und 1680 m

Berchtesgadener Alpen (Untersberg)

Allgemeine Beschreibung

Charakter: Eishöhlen.

Länge: Großer Eiskeller: 1350 m; Gesamthöhenunterschied 90 m.
Kleiner Eiskeller: 185 m; Gesamthöhenunterschied 10 m.

Erforschungsgeschichte: Die Eiskeller sind schon sehr lange bekannt und wurden erstmals 1801 in Veröffentlichungen erwähnt. Es wurden im Großen Eiskeller schon 1854 und später in eisfreien Phasen sowie 1925 und 1960 Vorstöße in den hinteren Höhlenteil unternommen, wobei die Erforschung noch nicht abgeschlossen wurde. Seit 1971 ist das sog. Fuggerfenster, das den Zugang von der großen Eingangshalle des Großen Eiskellers in die hinteren Höhlenteile gewährt, wieder mit Eis verschlossen. Die Erforschung ist deshalb noch nicht abgeschlossen.

Besonderheit: Der Große und der Kleine Eiskeller liegen unmittelbar an der Skiabfahrt des Untersberges und sind daher auch im Winter und Frühjahr leicht zu erreichen. Der Große Eiskeller stellt, je nach Vereisung, eine dynamische oder eine statische Eishöhle dar. Der Eissee kann im Sommer ein mehrere Meter tiefes Gewässer bilden, das im Winter und bis in den Frühsommer hinein zugefroren ist. Im Frühjahr ist die eindrucksvolle Eingangshalle mit schönen Eisfiguren und Reifbildungen geschmückt. Der Große Eiskeller weist zwei voneinander getrennte Eisteile auf. Die hinteren Höhlenteile sind mit schönen Sinter- und Tropfsteingebilden ausgestattet.

Talort: St. Leonhard bei Salzburg, 450 m.

Zugangsbeschreibung: St. Leonhard liegt etwa 1,5 km von dem Autobahnkreuz Salzburg-Süd entfernt. Von hier aus führt die Untersbergseilbahn auf das etwa 1800 m hoch gelegene Geiereck am Salzburger Hochthron. Man folgt von der Bergstation der Untersbergbahn dem gut ausgebauten Weg zum Salzburger Hochthron (Wegweiser: Salzburger Hochthron,

Großer Eiskeller: Alte Tropfsteinstümpfe.

GROSSER U. KLEINER EISKELLER

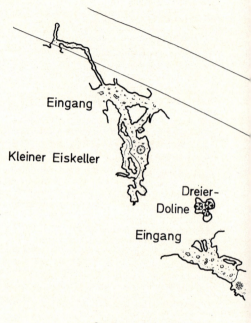

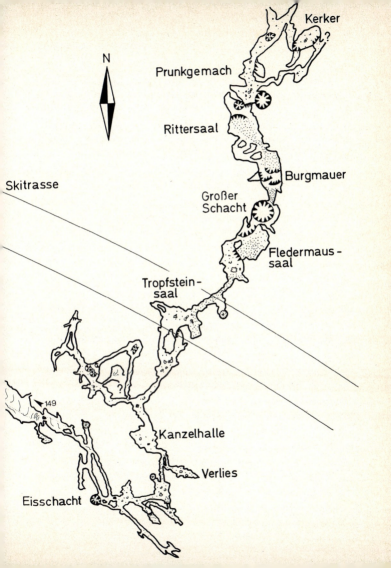

9 Großer und Kleiner Eiskeller — Berchtesgadener Alpen

Toni-Lenz-Hütte). Der Weg, zugleich Skitrasse, führt blau-rot markiert auf den Gipfel des Salzburger Hochthrons. (Die Skitrasse leitet etwas unterhalb des Gipfels auf südl. Seite vorbei.) Vom Gipfel aus folgt man weiter dem Weg zur Toni-Lenz-Hütte hinab, bis man wieder die Skitrasse kreuzt. Hier verläßt man den markierten Weg, folgt der Skitrasse. Skitrasse gut 500 m und erreicht, vor einem Knick der Skitrasse rechter Hand, eine Riesendoline, das Qualatoloch (beschildert). Dieses allseits steil abfallende Loch ist mit Eisenmasten und Stahlseilen für Skifahrer abgesichert. Hier wendet man sich etwas unterhalb des Qualatolochs am Knick der Skiabfahrt nach links in Richtung Süden. Nur wenige Meter neben der Skitrasse öffnet sich der Eingang des Kleinen Eiskellers. Folgt man der Dolinengasse weiter nach Süden, so öffnet sich links ein weiteres Portal, an dem man vorbeisteigt. Nach etwa 100 m trifft man dann auf das Portal des Großen Eiskellers; Zustieg etwa 40 Min.

Raumbeschreibung:

1. Der Kleine Eiskeller:

Der kleine Eiskeller weist westseitig zwei geräumige Eingänge auf. Ein Eingang von der Skitrasse aus ist durch Planierarbeiten heute fast verschüttet. Durch einen der zwei Westeingänge erreicht man, sich rechts haltend, nach wenigen Metern eine größere Halle, in die durch einen Tagschlot Schnee eingeweht wird. Der Boden ist hier mit Eis bedeckt. Von dieser Halle aus führt in gerader Verlängerung vom Einstieg in diese ein kleiner Gang ab, der jedoch bald endet.

2. Der Große Eiskeller:

Durch das Eingangsportal steigt man über Schotter bzw. über eingewehten Schnee hinunter in eine mächtige Halle, den sog. Eiskeller. In die Halle fällt noch etwas Tageslicht ein. Der Grund des etwa 25 m langen, 10 m breiten und 13 m hohen Eissaales ist mit Bodeneis bedeckt, das im Sommer einen metertiefen, unpassierbaren See bildet. Im Frühjahr

Schrecksattel-Eishöhle: „Neuer Teil" (Tour Nr. 6).

9 Großer und Kleiner Eiskeller — Berchtesgadener Alpen

sind im Eingangsteil sehr schöne Eisfiguren und Reifbildungen zu sehen. Beim Einstieg in den Eissaal durchquert man diesen bis an sein hinteres Ende. Durch ein Fenster, das sog. „Fuggerfenster" (seit 1971 ist es zugeeist), schluft man in eine Seitenkammer. Von hier führt eine Spalte, die evtl. etwas vom Eis befreit werden muß, weiter in eine geräumigere Kammer. An der linken Erweiterung fällt durch einen Tagschlot Schnee ein und bildet einen Firnkegel. Man folgt dem Hauptgang rechts weiter, vorbei an einer nach rechts abführenden Erweiterung, und trifft nach wenigen Metern an den Eisschacht. Der Eisschacht wurde 1970 bis in eine Tiefe von 60 m befahren, ohne daß ein Ende erreicht werden konnte. Der Eisschacht wird nun mit Steigeisen überquert. Nach der etwas ausgesetzten Querung führt ein Schluf geradeaus in die Teilungshalle. In diese 12 m lange und etwa 5 m breite Halle münden nun mehrere Gänge ein. Nach Nordwesten, etwa in die Richtung aus der man in die Halle eintrat, führt der nach 30 m blind endende Kluftgang ab. Von rechts, in südöstl. Richtung, mündet ein ebenfalls blind endender Gang ein. Man verläßt die Halle entlang dem Hauptgang in gerader Verlängerung wie der Einstieg erfolgte. Von rechts mündet hier ein zu einem 5 m tiefen Abbruch hinabführender Gang (auch er endet bald blind). Die nächste größere Halle, die man erreicht, ist die etwa 6 m breite und 13 m lange Eiskeulenkammer. Hier können im Frühjahr bis zu 2 m hohe Eiskeulen auftreten. Der Gang führt leicht fallend weiter, über einen Schacht hinweg, der in das 13 m tiefer gelegene Verließ führt, bis in die fast 30 m hohe Kanzelhalle. Der Hauptgang verläuft nun geräumig weiter, vorbei an einer nach links ansteigenden Fortsetzung. Diese labyrinthartige Fortsetzung, die durch eine Schneewand versperrt sein kann, wurde bis jetzt teilweise bis auf etwa 300 m Länge erkundet. Man verfolgt den Hauptgang, der an der Einmündung des Seitenganges etwas nach rechts abknickt, bis zu einer gut kletterbaren Wandstufe. Sie führt hinauf in den 15 m breiten und 10 m hohen Tropfsteinsaal mit riesigen Tropfsteintrümmern. Von hier leitet nach unten der Lehmgang zu einem mit Blockwerk erfüllten Raum. Über eine etwa 6 m hohe, gut kletterbare Wandstufe steigt man in den Fledermaussaal (Fledermausknochen) auf.

Am gegenüberliegenden Nordende öffnet sich ein riesiger, schwarzer Abgrund, der sog. „große Schacht". Dieser ebenfalls teilweise unerforschte Schacht wird an seinem rechten Rand an Sicherungen umquert. Durch ein Fenster steigt man dann über eine Wand (Bürgermauer) in den 30 m langen und 12 m breiten Rittersaal ein. Dieser Höhlenteil ist mit reichem Tropfsteinschmuck versehen. Die anschließenden Höhlenteile (zum Großteil Schächte und Schlote) sind noch teilweise unerforscht. Die günstigste Zeit für eine Befahrung stellt aufgrund der schönen Eisformen das Frühjahr dar. Jedoch kann ein Vordringen in die tagfernen Höhlenteile auch in der nächsten Zeit noch durch starke Vereisung behindert sein.
Siehe auch Abb. S. 149.

Ausrüstung: G + E

Schwierigkeit: Die Begehung der Höhle fordert je nach Vereisung Steigeisen. Die Querungen am Eisschacht und am großen Schacht sind etwas ausgesetzt. Die eisfreien Höhlenteile sind trocken und relativ einfach zu begehen (max. Schwierigkeitsgrad II).

Gipfelanstieg im Höhlenbereich: Da der Untersberg von der Salzburger Seite mit einer Seilbahnanlage erschlossen ist, sind die Gipfel des Salzburger und Berchtesgadener Hochthrons im Sommer wie im Winter sehr überlaufen. Die Ersteigung des Salzburger Hochthrons fordert von der Bergstation aus etwa 15–20 Min. Gehzeit.

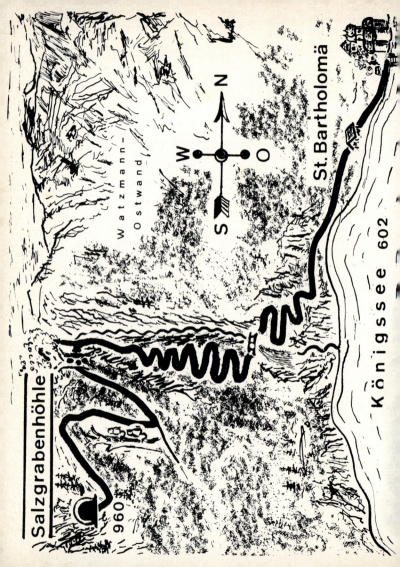

Salzgrabenhöhle, 960 m

10

Berchtesgadener Alpen (Simetsberg)

Allgemeine Beschreibung

Charakter: Großräumige, aktive Wasserhöhle mit starker Wasserführung.

Länge: Etwa 6550 m; Gesamthöhenunterschied: 260 m.

Erforschungsgeschichte: Die Salzgrabenhöhle wurde am 10. Mai 1959 von E. Sommer und K. J. Wohlgeschaffen entdeckt und wurde bis zum Jahr 1961 bis zu einer Länge von etwa 2 km erforscht und vermessen. Bereits drei Jahre später war der Forschungsstand auf 4,5 vermessene Kilometer angestiegen. Bei diesen Erforschungen wurden zahlreiche Sicherungen und ein geräumiges Biwak installiert. Trotz der bis heute erreichten 6,5 km ist die Erforschung und Vermessung dieser Riesenhöhle noch nicht abgeschlossen.

Besonderheit: Die sehr großräumige und eindrucksvolle Höhle läßt sich in drei deutliche Gangsysteme gliedern. Einmal in die heute trockenen, nicht mehr mit Wasser durchflossenen Gänge, dann in eine mittlere Etage, die heute aber nur noch manchmal, bei Hochwasser (Schneeschmelze), überflutet wird und schließlich in die wasseraktiven Teile mit beeindruckenden, wasserführenden Gängen (Wasserfallkluft; Mühlengang; Grünsee). Die Salzgrabenhöhle ist zur Zeit die größte Höhle Deutschlands und wird diese Stellung auch nicht so bald verlieren.

Talort: Königssee, 602 m.

Zugangsbeschreibung: Von Berchtesgaden fährt man mit dem Kfz. oder mit dem Bus zunächst zum Ort Königssee und von dort mit der Königsseeschiffahrt (Fahrten mehrmals tägl. nach Bundesbahnfahrplan; es ist ratsam, das erste Schiff am Morgen zu nehmen, um Zeit zu gewinnen) nach St. Bartholomä. Vom Anlegeplatz folgt man nach links, entlang dem Seeufer, einem gut ausgebauten Weg, der über die sog. Saugasse zum Kärlingerhaus im Steinernen Meer führt. Nach etwa 10 Min. Gehzeit entlang des Seeufers beginnt der Weg steil anzusteigen und erreicht nach weiteren 10 Min. Aufstieg an einer Kehre zum ersten Male den herabstürzenden Schrain-Bach, der hier von einer Naturbrücke überspannt wird. Wenig später wird der Schrain-Bach vom ständig ansteigenden Weg überquert. Nach insgesamt ³/₄ st steilen Serpentinenaufstiegs wird der Weg plötzlich wieder eben und fällt sogar ein leichtes Stück ab. Etwa 200 m danach erreicht man linkerhand an einem Baum eine gut sichtbare Wegmarkierung (drei rote Punkte). An dieser Stelle verläßt man den Weg nach links und steigt kurze Zeit weglos (etwa 20 Höhenmeter) an, bis man auf eine verfallene Weganlage trifft, der man etwa 150 m bis zu einer bewaldeten Schulter folgt. Hier kreuzt eine alte, auf der Hangschulter verlaufende Telefonleitung den Steig (Leitungsreste und Isolatoren sind nur noch teilweise vorhanden). An dieser Stelle verläßt man den Steig nach rechts und folgt einem (manchmal schwer auszumachenden) Pfad, der entlang den Leitungsresten weiter auf der Gratschulter hinaufführt. Bald wird die anfangs unscheinbare Gratschulter etwas schmäler und felsiger, bis man nach etwa 10 Min. auf vier Isolatoren der Telefonleitung trifft, die kreuzförmig in einen Baum geschraubt sind. Hier verläßt der Pfad die Gratschulter rechtwinklig nach links und ist alsbald nur noch schwer und bruchstückhaft auszumachen. Immer auf etwa gleicher Höhe bleibend, quert man von hier den mit leichtem Mischwald bedeckten Hang, wobei man einige Steilstufen auf Pfadspuren unten oder oben umgeht, bis man nach einigen hundert Metern auf den Salzgraben trifft, an dessen oberem Abschluß die Höhle liegt. Die gesamte Aufstiegsdauer von St. Bartholomä beträgt etwa 1¹/₂ st.

Raumbeschreibung: Ein riesiges Portal bildet den Höhleneingang. Beim Einstieg in die Höhle hält man sich am rechten Rand des Portals und steigt ein, bis sich der Boden in einem Versturz mit der Decke trifft. Hier tritt man durch einen kaum 1 m großen Spalt, durch den starker Wind weht, in die Höhle ein. Bereits nach 5 m erreicht man die erste kleine Abkletterstufe. Sie ist mit einem fixen Seil gesichert. Nach wenigen Metern erreicht man die zweite kleine Abstiegsstufe, die eben-

Salzgrabenhöhle: „Großer Wasserfall".

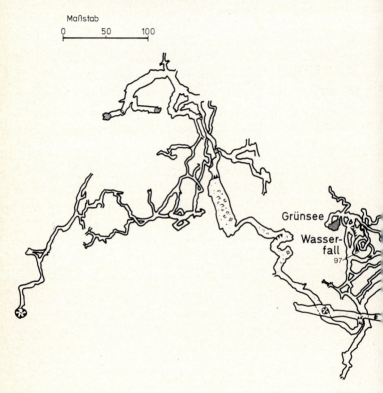

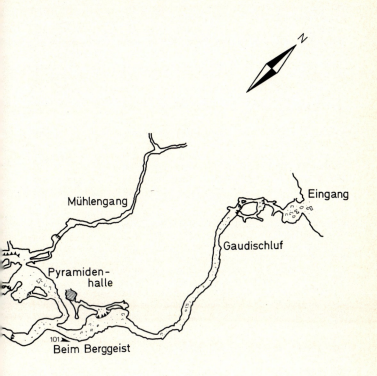

10 Salzgrabenhöhle — Berchtesgadener Alpen (Simetsberg)

falls mittels eines fixen Seiles gesichert ist. Über diese kleine Wandstufe fließt ein seitlich eintretendes Wasser. Die anschließende kleine Halle wird nach links, unter Klemmblöcken hindurch, zu einer weiteren Halle verlassen. Hier mündet auch von oben ein Durchstieg ebenfalls von der vorhergehenden Halle kommend, ein. Dieser Gang, der zu noch unerforschten, stark bewetterten Schloten führt, ist jedoch etwas schwieriger zu begehen. Man folgt nun, an einem fixen Seil schräg absteigend, dem nach links unten führenden Höhlenarm. (Ein an dieser Stelle nach rechts wegführender, relativ großräumiger Gang endet nach wenigen Metern blind.) Bald ist man gezwungen, über den Schotterboden zu kriechen (Gaudischluf). Hier herrscht starke Bewetterung. An der tiefsten Stelle des Schlufes wird der stets recht breite Gang wieder höher. Der Boden ist mit feinem Sand bedeckt. Hier kann im Frühjahr Wasser stehen. Der von nun an wieder leicht ansteigende Stollen weitet sich ständig. Mit Hilfe einer festen Aluminiumleiter übersteigt man eine Felsrampe und befindet sich in einer hallenartigen Erweiterung, in der man rechts unten, in einem Schlund, Wasser rauschen hört. Sich links haltend, umgeht man den Schlund und steigt entlang der Höhlenwand etwas auf. An der Höhlenwand befindet sich an dieser Stelle ein Maxima-Minima-Thermometer. Der Hohlraum hat nun riesenhafte Ausmaße angenommen. An einer hallenartigen Erweiterung münden zwei gewaltige Gänge ein. Der links abzweigende steigt bald steil an, bis er an einer nahezu senkrechten Wand die anfangs mit Klammern gesichert ist, zu einer höheren Etage des Höhlensystems führt (Stahlseilleiter). In dieser Etage befindet sich auch der Biwakplatz für längere Forschungsexpeditionen. Die von hier weiterführenden Gänge reichen bis in die tagfernsten Höhlenteile. Wir folgen dem nach rechts abzweigenden Gang. Über große Blöcke steigt man kurz bergauf und erreicht bald ein Sandfeld, den Brotzeitplatz (Pyramidenhalle). Man hört hier rechts unten, in einem Schlund, Wasser fließen. Dieser Schlund führt zum sog. Mühlengang mit interessanten geomorphologischen Erschei-

Salzgrabenhöhle: „Beim Berggeist".

10 Salzgrabenhöhle — Berchtesgadener Alpen (Simetsberg)

nungen. Wir halten uns vom Brotzeitplatz rechts oberhalb des Schlundes. Über großes Geröll folgen wir einem Gang, der bald zu einer etwas heiklen Querung über einen Abgrund führt. Hinter der Querung hält man sich möglichst längs der rechten Wand. Nach einigen Metern findet man am rechten Wandfuß eine versteckte kleine Gangabzweigung nach rechts. Diese Abzweigung ist durch ein kleines Steinmandl gekennzeichnet. Der relativ kleine Gang (nur 1,5 m Höhe) führt steil bergab und zwingt gleich zu Beginn zu leichter Kletterei. Man steigt nun stetig tiefer. (Eine leicht nach oben wegführende Fortsetzung führt wieder zur Brotzeithalle). Der Gang verzweigt sich nach wenigen Metern in zwei Schlufstrecken, die wieder zusammenführen. Man wählt hier die rechte von den beiden, da die linke anstrengender und etwas länger ist. Man folgt einer feuchten Kluft immer geradeaus, vorbei an zwei unscheinbar nach rechts wegführenden Fortsetzungen. Die Kluft ist relativ hoch, jedoch etwas schmal. Bald hört man das dumpfe Dröhnen eines Wasserfalls. Bei weiterem Vordringen werden die Gänge, die Rissen folgen, stetig höher und man erreicht nach kurzer Zeit den Wasserfall. Von einer Art Balkon aus hat man hier einen hervorragenden Einblick. Der Standpunkt fordert aufgrund des rutschigen Felses etwas Vorsicht. Der Wasserfall kann auf einer Naturbrücke überschritten werden. Hierzu klettert man kurz vor dem balkonartigen Standpunkt rechts (vom Brotzeitplatz kommend) die schräge Felswand hinauf und quert dann über den Wasserfall, den man hier nicht einsehen kann. Oberhalb des Wasserfalls verzweigen sich großräumige Gangpartien, die einerseits zu einem schönen See, der mit dem Höhlenbach in Verbindung steht, führt und andererseits Richtung Mühlengang der Wasserfallführen und andererseits Richtung Mühlengang der Wasserfallkluft folgen.

Der Ausstieg aus der Höhle erfolgt in umgekehrter Reihenfolge. Durch das Wasserfallabyrinth, durch welches man eingestiegen ist, darf man sich nicht verwirren lassen. Abzweigende Schlufstrecken führen wieder zusammen. Die Dauer für die Begehung der beschriebenen Höhlenteile beträgt etwa 3–4 st.

Ausrüstung: G

Berchtesgadener Alpen (Simetsberg) — Salzgrabenhöhle

Schwierigkeit: Die Höhle ist in den beschriebenen Teilen leicht zu begehen (sie wurde schon mit Kindern begangen). Für die Kletterstellen am Einstieg ist etwas Trittsicherheit erforderlich. Auch fordern die Höhlenteile unmittelbar am Wasserfall etwas Vorsicht.

Gipfelanstieg im Höhlenbereich: Der Ausgangspunkt St. Bartholomä bietet gute Tourenmöglichkeiten in das Steinerne Meer. Folgt man dem zum Höhleneingang beschriebenen Anstieg (gutausgebauter Weg) weiter durch die Saugasse auf das Hochplateau des Steinernen Meers, so erreicht man das Kärlinger Haus oberhalb des Funtensees (Übernachtungsmöglichkeit). Der Anstieg von Bartholomä aus dauert etwa $3^{1}/_{2}$ bis 4 st. Eine andere Möglichkeit bietet die Überschreitung ins Wimbachtal. Auf dem gleichen Weg wie vorher beschrieben, folgt man an einer Weggabelung (Tafel) kurz hinter der Holzstube dem rechten Steig auf die Sigretplatte (gesicherte Wegstrecke) und gelangt von dort über den Paß Trischübel weiter zur Wimbachgrieshütte (Übernachtungsmöglichkeit). Von hier aus führt ein Jagdsteig (etwas Trittsicherheit erforderlich) zum Wimbachschloß (1 st).

11 Rotwandlhöhle, 2170 m
Berchtesgadener Alpen (Steinernes Meer)

Allgemeines

Die Kalkhochfläche des Steinernen Meeres verdient aus zweifachem Grund besonderes Interesse. Zum ersten bietet das beinahe völlige Fehlen von Bewuchs ausgezeichnete Einblicke in verschiedenste Karst- und Erosionsformen. Zum zweiten zählt das Steinerne Meer zu den am wenigsten erkundeten Karstgebieten der Ostalpen und dies, obwohl die in seiner unmittelbaren Nachbarschaft befindlichen Karsthochflächen des Hagen- und Tennengebirges zu den höhlenreichsten Gebieten der Alpen zählen. Deshalb sollen an dieser Stelle sowohl eine Beschreibung einer der größten bisher bekannten Höhlen in dieser Karsthochfläche als auch einige Hinweise für eigene Erkundungsfahrten gegeben werden.

Allgemeine Beschreibung der Höhle:

Charakter: Horizontalhöhle mit zeitweise aktiven Wasserteilen.

Länge: Etwa 1500 m, Gesamthöhenunterschied etwa 100 m.

Erforschungsgeschichte: Die Höhle wurde 1970 von R. Spieler, T. Müller und W. Leitheim während einer Höhlensuchtour entdeckt und kurz darauf in mehreren Fahrten erforscht und vermessen.

Besonderheit: Die Höhle weist interessante Erosionsformen und in einigen Gängen schöne Knöpfchensinter und bis zu 10 cm lange Kalzitkristalle auf.

Talorte: Maria Alm, 802 m, bei Saalfelden.

Zugangsbeschreibung: Man verläßt die von Saalfelden nach Bischofshofen führende Bundesstraße bei dem etwas abseits der Straße gelegenen Maria Alm. Am Ortsende links über die Brücke (Grießbach) und weiter auf bez. Weg zum Riemannhaus. Der Weg kann etwa 4 km mit dem Kfz. benutzt werden, dann Parkplatz und Schranke. Von hier folgt man dem gut

Bärenschädel aus dem Steinernen Meer.

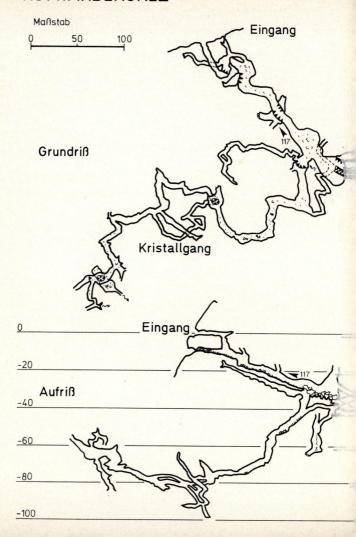

Steinbockbiwak

Versturzhalle

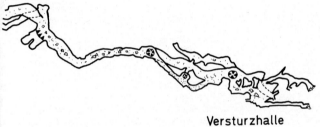

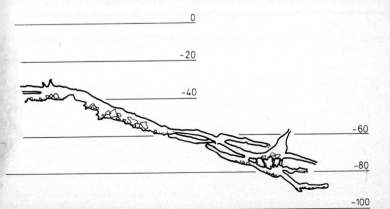

0
−20
−40
−60
−80
−100

11 Rotwandlhöhle — Berchtesgadener Alpen

bez. Güterweg zur Talstation des Materiallifts und schließlich der steilen, zuletzt etwas ausgesetzten, doch sehr gut gesicherten Weganlage zum Riemannhaus, 2177 m.
Von Maria Alm 3 st, vom Parkplatz 2 st Gehzeit.

Vom Riemannhaus zunächst auf markiertem Weg in Richtung Kärlingerhaus/Königssee (AV-Weg Nr. 413). Nach etwa 15 Min. wird linkerhand die langgezogene, auffällig rotgefärbte Erhebung des Rotwandls sichtbar. Unweit deren linkem (nordwestlichem) Ende erkennt man bei weiterer Annäherung deutlich einen großen, frei auf einem Karrentisch liegenden, Felsblock. Ehe der Weg das Rotwandl erreicht, verläßt man ihn an geeigneter Stelle (noch etwa $1/2$ st ab Riemannhaus) und hält sich weglos, kleinere Wände umgehend, auf diesen einzelstehenden Felsbrocken zu. (Mit etwas Glück läßt sich eine Steinmandlmarkierung in diese Richtung finden). Nach Erreichen des Felsblocks steigt man so weit in das sich hier in die Hochfläche einsenkende Viehkogeltal ab, bis man ohne größere Mühe den Westabhang des Rotwandls queren kann. Am Ende dieses Westabhanges trifft man rechts auf eine flache Einsenkung zwischen dem Nordhang des Rotwandls und dem weiter nördl. gelegenen Viehkogel. Wendet man sich nach rechts in diese Einsenkung, so wird nach wenigen Min. ein deutliches, rotes Felsband sichtbar, das sich quer durch diese Einsenkung vom Viehkogel bis zum Rotwandl hinzieht. Noch bevor man dieses Felsband erreicht, sieht man vom Grunde dieser Einsenkung (ebenso vom gegenüberliegenden Viehkogel) aus einen Höhleneingang, der sich im Nordhang des Rotwandls (unweit seiner Nordwestecke) und dicht unterhalb des roten Felsaufbaues befindet (Foto S. 111)! Der unscheinbare Eingang der Rotwandlhöhle liegt etwa 10 m rechts über dieser (mit der Ziffer 12 bez.) Höhle, genau an der Grenzschicht zwischen weißem und rotem Gestein und ist mit der Ziffer 13 markiert (Foto S. 111).

Zeit ab Riemannhaus etwa $1^{1}/_{2}$–$2^{1}/_{2}$ st (je nach Auffindung einer günstigen Plateauquerung). Als Orientierungshilfe emp-

Das Rotwandl (Steinernes Meer): Charakteristisch das rote Gesteinsband.

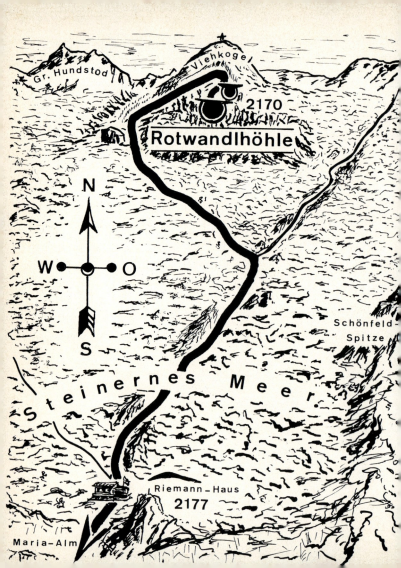

fiehlt sich die AV-Karte Steinernes Meer. Nicht bei schlechter Sicht aufbrechen!

Raumbeschreibung: Vom Eingang gelangt man durch einen niedrigen, etwa 2 m breiten Gang nach 25 m zu einem 6 m tiefen, senkrechten Abbruch. Hier wurde 1971 eine fixe Stahlseilleiter angebracht (man überzeuge sich jedoch von deren Festigkeit, da sie aufgrund des zeitweise fließenden Wassers starker Korrosion unterliegt; evtl. Seilsicherung). Am Grund dieses Abbruchs trifft man auf den geräumigen, im Durchschnitt 3 m breiten und 5 m hohen Hauptgang, dem man, einige unbedeutende Seitenäste passierend, etwa 100 m weit folgt, bis der Weiterweg in einer großen Halle durch einen riesigen Versturz blockiert zu sein scheint. Auf der rechten Seite dieser Halle hört man in einem Cañon Wasser rauschen. Links öffnet sich in etwa 8 m Höhe ein großes Gangfenster, das von weiter hinten liegenden Höhlenteilen aus leicht erreicht werden kann. Man durchquert diese Halle und steigt an ihrem Ende zwischen Versturzblöcken hindurch, die hier eine Art Zwischendecke bilden, zu einem etwa 3 m tiefer gelegenen Gang ab, der sich nach rechts und links weiterverfolgen läßt. (Man merke sich diese Stelle sehr genau, da man hier beim Rückweg den angeschnittenen Gang verlassen und zu der Halle hinaufklettern muß!)

Es werden nun die beiden weiterführenden Wege aus der großen Halle nach rechts und links getrennt beschrieben:

Linke Fortsetzung:
Der zunächst etwas kleinere Gang trifft nach 25 m wieder auf einen geräumigen, mit Versturzblöcken erfüllten Gang. Hier zweigt nach links ein Seitenast ab, der zu dem vorher er-

Bild Seite 111:
Rotwandl (Nordflanke vom Viehkogel aus gesehen). An der Pfeilspitze liegt der blind endende untere Eingang zur Rotwandlhöhle. Der auf dem Bild sichtbare Eingang ist mit RW 12 markiert und liegt etwa 10 m unterhalb des eigentlichen Eingangs.

Foto rechts: Steinernes Meer: Eine unerforschte Schachtöffnung im Plateau unterhalb der Schönfeldspitze.

11 Rotwandlhöhle — Berchtesgadener Alpen

wähnten Fenster in die große Halle führt. Man hält sich an dieser Gangverzweigung rechts, entlang dem geräumigen Hauptgang, und steigt über große Blöcke und kleinere, unschwierige Wandstufen ab. Nach etwa 100 m zweigt rechts ein interessant geformter Druckstollen ab, der parallel zum Haupthöhlenzug verläuft und wieder in diesen einmündet. Nachdem man eine kleinere Halle und einen Abbruch passiert hat, endet 60 m weiter der Hauptgang in einer geräumigen, 15 m hohen, mit Versturzblöcken erfüllten Halle. Sämtliche bekannten Fortsetzungen aus dieser Halle sind nach wenigen Metern verstürzt (z. T. mit Quarzschotter). Unterhalb dieser Halle befindet sich ein Labyrinth kleinerer Druckstollen, in die man durch eine schachtartige Öffnung kurz vor Erreichen der Halle gelangen kann. (An einigen Stellen versteinerte Herzmuscheln.)

Rechte Fortsetzung:
Während die linke Fortsetzung großräumige, mit losen Versturzblöcken erfüllte, inaktive Gangteile aufweist, die vermutlich einmal mit Eis erfüllt waren, führt die rechte Fortsetzung in wasseraktive Teile. Der Gang zieht sich zunächst auf einer Strecke von etwa 120 m rund 50 Höhenmeter steil, aber nicht schwierig nach unten und erreicht hier ein Gewirr von teilweise schachtartigen, wasseraktiven Seitengängen. Diese Höhlenetage, die stellenweise nur in gebückter Haltung begangen werden kann, weist kristalline Wasserstandsmarken, Knöpfchensinter und an einigen Punkten Kalzitkristalle auf. Im unteren, fast eben verlaufenden Höhlenniveau zweigt links ein großer, über eine Wandstufe steil nach unten führender, Gang ab, dessen Wände und Boden mit korallenartigen, braunen Wandversinterungen bedeckt sind. (Lohnend! Bitte nicht beschädigen!) 50 m danach endet der Hauptgang in einem Schacht und einer senkrecht nach oben führenden Wandstufe. Beide sind schwierig zu durchklettern und weisen keine größeren, bekannten Fortsetzungen auf. Zeit für die Befahrung beider Gänge etwa 3—4 st.
Siehe auch Abb. S. 117.

Ausrüstung: G

Schwierigkeit: Mittelschwere Kletterei (II) mit einem 6-m-Leiterabstieg.

Gipfelanstiege im Höhlenbereich:

Rotwandl, 2242 m. Vom Höhleneingang weglos über Schrofen zum Gipfel. Etwa 1/4 st.

Sommerstein, 2308 m, mächtiger Felsklotz neben dem Riemannhaus, auf bez. Steig vom Riemannhaus in 1/2 st zum Gipfel.

Schönfeldspitze, 2653 m, markantes Felshorn mit umfassender Aussicht. Vom Riemannhaus auf bez. Steig unter der Nordflanke des Sommersteins, dann über Geröll bis etwa unterhalb der Scharte zwischen Wurmkopf und Sommerstein. Von hier führt ein unschwieriger (I) mit Eisenstiften gesicherter Klettersteig, mitunter ausgesetzt, zum Gipfel (2 st ab Riemannhaus).

Breithorn, 2504 m. Vom Riemannhaus auf bez. Weg über die NO-Flanke, zuletzt im Zickzack, zum Gipfel; 1 st.

Alle drei letztgenannten Gipfelanstiege sind bei klarem Wetter aufgrund der umfassenden Aussicht auf die Hohen Tauern außerordentlich lohnend.

Einige Hinweise für eigene Erkundungstouren im Steinernen Meer

1. Rotwandlgebiet

Folgt man von der Rotwandlhöhle weiter der Nordflanke des Rotwandls, so trifft man an dessen Fuß bald auf einen sich von West nach Ost ziehenden Graben. Am Rande dieses Grabens und in dessen Umgebung befindet sich etwa ein Dutzend kleinerer Höhlen, die zum Teil erforscht aber nicht vermessen sind. Registrierte Höhlen sind mit roten Ziffern versehen.

2. Gebiet Schönfeldspitze

Vom Riemannhaus wendet man sich zunächst auf bez. Weg Richtung Hochbrunnsulzen — Hochkönig. Nach etwa 1/2 st, kurz hinter der Abzweigung des Steigs zur Schönfeldspitze, verläßt der Weg den NW-Abhang der Schönfeldspitze und steigt ins Plateau ab, wo er zunächst beinahe eben verläuft, bis er steil in eine sich vom Funtensee bis zur Buchauerscharte verlaufende Senke abfällt. Unmittelbar ehe der Weg in diese Senke hinabzuführen beginnt, sieht man linkerhand einige aufragende Karrenbänder. Besteigt man sie, so erkennt man, daß ihr beinahe 100 m tief abfallender N- und NO-Abhang von deutlichen tektonischen Störungslinien durchzogen wird. An deren oberen Ausläufern, im Bereich dieser Karrenbänder, befinden sich mehrere interessante Dolinen und Schächte (Foto). Einige dieser Schächte lassen in 5—10 m Tiefe (abseilen) horizontal verlaufende Gänge erkennen. Hier wurden noch keine Befahrungen durchgeführt.

3. Gebiet Wildalmkirchl

Vom Riemannhaus auf bez. Weg zunächst zur Hochbrunnsulzen, dann weiter auf dem zum Hochkönig führenden Weg (rot bez.), bis man am Fuße des Wildalmkirchls etwas oberhalb des Weges auf eine Biwakschachtel trifft. Wildalmkirchl — Biwakschachtel, 2430 m, 4 L., vom Riemannhaus etwa 4 st. Das Gebiet unmittelbar um diese Biwakschachtel zählt zu den höhlenreichsten Gebieten des Steinernen Meeres und bietet eine kaum übersehbare Fülle interessanter Höhlen- und Karstformationen (Höhlenpark). Trotz einigen, seit 1972 durchgeführten größeren Forschungstouren kann dieses Gebiet und der ganze sich anschließende Ostteil des Steinernen Meeres keinesfalls als vollständig erkundet gelten.

Rotwandlhöhle: Gangvermessung (Tour Nr. 11).

12 Bärenhöhle im Torrenerfall, 810 m
Berchtesgadener Alpen (Hagengebirge)

Allgemeine Beschreibung

Charakter: Aktive Wasserhöhle.

Länge: 820 m, Gesamthöhenunterschied: 220 m.

Erforschungsgeschichte: Die Höhle wurde 1924 von Hermann Gruber entdeckt und erforscht. Grabungen brachten 90 Skelette von Höhlenbären zutage. Der vorläufige Endpunkt wird durch einen Siphon gebildet, der noch nicht überwunden werden konnte. Die Erforschung und Vermessung ist im Wesentlichen abgeschlossen.

Besonderheit: Der Höhlenverlauf folgt über weite Strecken einem aktiven Bachlauf.

Talort: Golling bei Salzburg, 481 m.

Zugangsbeschreibung: Von Golling auf bez. Fahrweg in das Bluntautal bis zum Gasthaus Bärenhütte (4 km, mit Kfz. befahrbar). Hier zweigt man vor der Brücke über die Torren vom Fahrweg nach links ab und folgt dem bez. Weg (AV-Weg 454) Richtung Vorder-Hinter-Schlumalm entlang des rechten Ufers der Torren. Nach etwa 20 Min. erreicht man einen Holzsteg über die Quelle der Schwarztorren (starke Karstquelle). Von hier steigt der Weg zunächst durch eine Rinne, dann im Zick-Zack durch den Bergwald an und nähert sich schließlich in einem östl. Bogen der südl. gelegenen Felswand. Um diese Felswand zu umgehen, beschreibt der Steig eine weite, westl. Schleife. Genau am Wendepunkt dieser Schleife erreicht der Weg eine steile gestufte Grabrinne, in die man hinabsteigt. 20 m vor dem Wandabschluß der Rinne trifft man in einem quer verlaufenden Felsband auf den unscheinbaren, 4 m breiten und 1 m hohen Höhleneingang. Seine Lage ist in der AV-Karte Hochkönig/Hagengebirge richtig eingetragen.

Zeit: Vom Gasthof Bärenhütte etwa 1 st.

Raumbeschreibung: Der horizontal in den Berg führende, niedrige Gang weitet sich nach etwa 25 m auf 5 m Breite und 4 m Höhe. Hier wurden zahlreiche Bärenknochen gefunden. Nach insgesamt 105 m Ganglänge endet dieser Teil der Höhle in einer engen, unschliefbaren Kluft. Kurz vor seinem

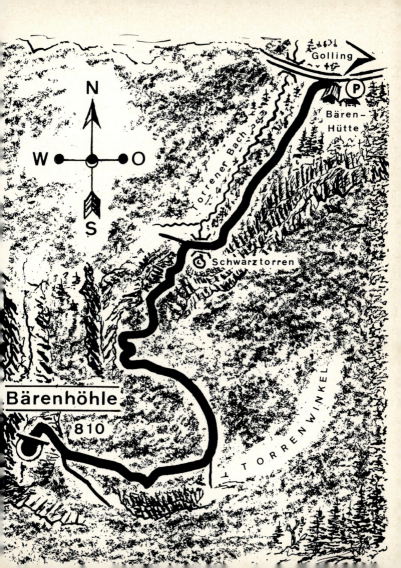

12 Bärenhöhle im Torrenerfall — Berchtesgadener Alpen

Ende trifft man auf einen Bach, der durch einen 25–30° geneigten Gang abfließt (Wassergang). Man folgt dieser Richtung, bis man nach 150 m in eine Lehmkammer kommt. Hier über nassen Fels nach rechts bis zu einer Verengung, die auf deren rechter Seite durch einen kurzen Schluf verlassen wird. Eine abschließende 6-m-Wandstufe kann mit mäßig schwieriger Kletterei überwunden werden. Nach einem 20 m langen niedrigen, horizontalen Gangteil erreicht man durch einen Spalt einen großräumigen, weiter nach unten führenden Sandtunnel. (Man präge sich diesen Spalt für den Rückweg ein!). Von hier zunächst mühelos über Sand und Geröll, bis man nach etwa 150 m auf eine erneute Gangeinengung trifft, die nach wenigen Metern zu einer 3 m hohen Wandstufe führt. Hier bricht nun ein 23 m tiefer Schacht ab (gemauerte Abseilhaken). Am Schachtgrund beginnen niedrige Spaltenerosionsgänge, die nun wieder von einem aktiven Wasserlauf durchflossen werden. Man kann nun noch den Wasserlauf bis zu einem Siphon verfolgen (wenig lohnend).

Zeit: Höhleneingang — 23-m-Schacht und zurück, etwa 3 st.

Ausrüstung: G

Schwierigkeit: Bis zum 23-m-Schacht höchstens mäßig schwierige Kletterei, jedoch wegen des Höhenunterschiedes, der überwunden werden muß und der oft niedrigen Gänge recht kraftraubend.

Gipfelanstieg im Höhlenbereich: Das Bluntautal bietet herrliche Wandermöglichkeiten (etwa den Weg zum Torrenerfall). Verfolgt man den Forstweg vom Gasthof Bärenhütte weiter, so gelangt man bald über Serpentinen aufsteigend zu Jagdhütten. (Von hier Materialseilbahn zum Stahlhaus). Der Weg führt von hier weiter über die Oberjochalm und dann als Steig hinauf zum Stahlhaus, AV-Haus, ganzj. bew., 27 B., 67 M., unweit vom Schneibsteinhaus.

Übergänge: Über Purtschellerhaus, Gotzenalm, Obersee nach Königssee.

Zeiten: Königssee — Stahlhaus 3½ st. Jenner (Bergstation) — Stahlhaus ¾ st. Bärenhütte — Stahlhaus 3 st.

Bärenhöhle: 23-m-Schacht.

BÄRENHÖHLE

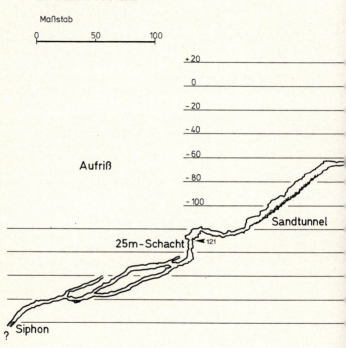

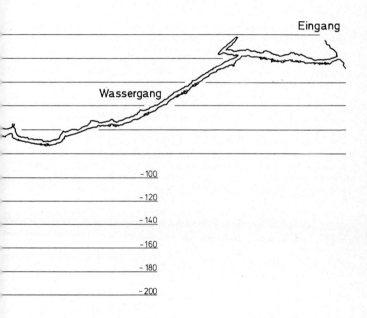

13 Scheukofen, 740 m
Berchtesgadener Alpen (Hagengebirge)

Allgemeine Beschreibung
Charakter: Aktive Wasserhöhle.
Länge: Etwa 750 m, Gesamthöhenunterschied etwa 115 m.
Erforschungsgeschichte: Die Höhle ist schon sehr lange bekannt und wurde oft von Schatzgräbern aufgesucht. 1919 fand W. Czoering noch Menschenknochen, die vermutlich von Schatzgräbern stammten, welche bis in den Vierthalergang vorgedrungen waren. 1923 wurde die Höhle von W. Czoering vermessen und als Grund- und Aufriß aufgenommen. 1914 und später versuchte W. Czoering den „Großen See" abzupumpen, um ein weiteres Vordringen in dahinterliegende Gänge zu ermöglichen. Im April 1975 verunglückten zwei Taucher beim Versuch, den großen See zu durchtauchen, tödlich. Die Erforschung und Vermessung ist zum Teil abgeschlossen.
Besonderheit: Die in Talnähe gelegene Höhle ist relativ geräumig. Sie weist sowohl im Eingangsbereich (Riesentreppe) wie auch in den hinteren Höhlenteilen (Tropfsteinkluft) schönen alten Tropfstein- und Sinterbesatz auf. Zum größten Teil wurden die Tropfsteine in dieser Höhle jedoch abgeschlagen. Auch ist die Höhle trotz mehrmaliger Säuberungsaktionen durch Höhlenbesucher etwas verschmutzt.
Talort: Sulzau bei Werfen, 510 m.
Zugangsbeschreibung: Von Salzburg aus verläßt man die Autobahn nach dem Tunnel an der Ausfahrt Paß Lueg. Auf der Salzachtalbundesstraße fährt man noch ein kurzes Stück in Richtung Werfen. Kurz nach dem Bahnhof Sulzau biegt man, gleich nach der Brücke über die Salzach, nach rechts von der Bundesstraße ab, zur Kiesgrube der „STUAG". Man folgt nun der Sandstraße, vorbei an der Abzweigung, die nach links in die Schottergrube führt, bis zur Sperrung. Die Straße führt von hier an einem Betonbunker des Kieswerkes vorbei. Man erreicht diese Straße auch, wenn man direkt durch die Schottergrube geht und an ihrem nördlichen Ende über eine periodische Quelle aufsteigt. Der zur Forststraße ausgebaute

Scheukofen: Riesentreppe. Foto Herbert Wimmer

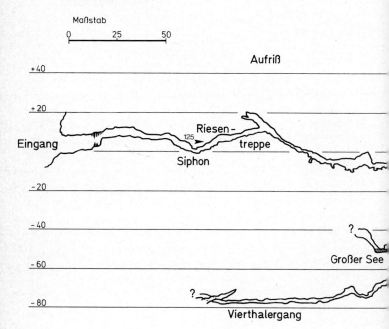

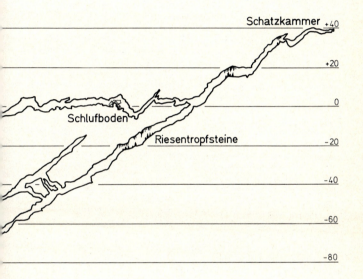

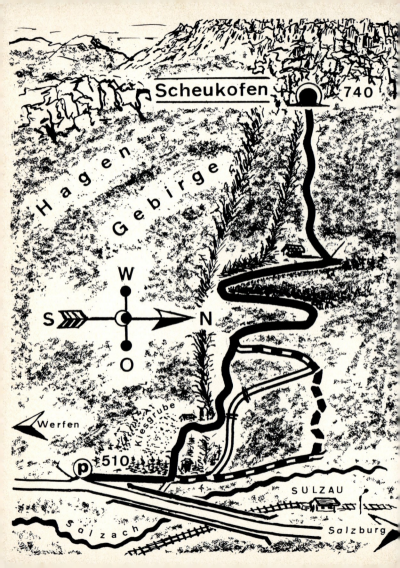

13 Scheukofen — Berchtesgadener Alpen

Weg führt in Serpentinen gut 100 Höhenmeter hinauf und hinter einem Bergrücken eben zu einer etwas tiefer gelegenen, versteckten Hütte. Hier ist der neuausgebaute Weg vorerst zu Ende. Am Ende der Straße führt ein Waldweg parallel zur Straße zurück zur Hütte. Daneben läuft ein gutausgetretener Pfad in Richtung NW direkt auf den Berg zu. Man folgt nun dem Pfad, anfangs durch Unterholz, bald aber im Hochwald, entlang eines Wildbachbettes steil aufwärts direkt zur Höhle. Das riesige Höhlenportal öffnet sich am Oberrand des Wildbachbettes, unter einer kleinen Felswand. Der Anstieg dauert etwa 40 Min.

Raumbeschreibung: Das Eingangsportal bildet eine 20 m breite, 5 m hohe und 40 m lange Vorhalle. Nach rechts führen zwei Verbindungsgänge in Seitenkammern. Der Hauptgang am Ende der Vorhalle führt breit über Blockwerk hinab zum Syphon, der im allgemeinen trocken ist und nur selten die Höhle ganz mit Wasser verschließt. Vom Syphongrund steigt der Gang wieder an und man erreicht in einer geräumigen Halle die sog. Riesentreppe, eine versinterte Felsrampe. Hier trifft man bereits das erstemal auf alten Tropfsteinschmuck an den Wänden. Nachdem die leicht zu überkletternde Riesentreppe überstiegen ist, hält man sich nach rechts. Ein nach links abzweigender Gang endet bereits nach wenigen Metern blind. Der Hauptgang führt nun als Spalte steil abwärts. Dieser etwa 70 cm hohe aber breite Schluf fällt gut 10 m lang schräg ab. Am Grund des Schlufes trifft man auf eine wieder etwas geräumigere Kammer. Man folgt nun dem Hauptgang weiter, da ein, am hinteren Ende in diese Kamer mündender, Gang nach wenigen Metern blind endet. Er fällt etwas ab und führt nach einer kurzen Querung über einen Balken zum ersten See hinab. Diesen überwindet man in gebückter Haltung. Der nun wieder mannshohe Gang weist den Weg zum zweiten See, der an einem kurzen Drahtseil umquert wird. Geräumig geht es weiter über Sinterkaskaden, vorbei an Wasserstandsmarken bis der Gang cañonartig wird.

Foto Seite 129: Sinterkorallen in der Cuevadel Perro, Südspanien.

Hier verzweigt sich die Höhle in zwei Spalten, die nach zwei Metern wieder zusammenführen. Versturzblöcke und Platten müssen überklettert und durchschluft werden, bis man absteigend eine geröllerfüllte Kluft (Schlufboden) erreicht. Schon an den Versturzblöcken und im weiteren Verlauf sind weiße Pfeile zu sehen, die den günstigsten Weg zur Tropfsteinkluft weisen. Vom Schlufboden steigt man (Pfeil) die etwas enge Spalte steil empor, bis sich nach links eine horizontale Fortsetzung öffnet. Der Kluftspalt endet bald immer enger werdend. Der Horizontalgang ist anfangs mit einigen Stalagmiten besetzt. Er führt über eine sehr enge (etwa 30 cm) aber hohe Spalte in die wieder großräumige Tropfsteinkluft. (Diese Einmündung in die große Kluft sollte man sich markieren, um sie später wiederzufinden; Kerze, Steinmanndl.) Von hier bieten sich zwei Möglichkeiten des weiteren Vordringens; einmal nach oben, zur Schatzkammer, oder nach unten zum Vierthalergang. Steigt man die steilen Platten (Vorsicht, rutschig!) zur Schatzkammer hinauf, so erreicht man nach etwa 10 m eine kleine Horizontalstelle mit einigen Stalagmiten und nach weiteren etwa 15 m einen kleinen, röhrenförmigen Schluf (etwa 30 cm Durchmesser), der in die Schatzkammer hinabführt. Die andere Möglichkeit der Begehung stellt der Abstieg zum Vierthalergang dar. Man klettert von der Einmündung des Horizontalteiles der Höhle hinab. Vorbei an alten, riesigen Tropfsteinstümpfen gelangt man, leicht kletternd, bis zur ersten Wand. Sie ist mit Stiften gesichert. In diesem Höhlenteil befinden sich teilweise noch schöne Tropfsteinkaskaden. Der weitere Abstieg führt nun an einigen Stiften zu einem Abseilhaken. Ein weiteres Vordringen fordert an dieser Stelle ein Seil oder eine Trittleiter. Steigt man weiter ab, gelangt man bald zu zwei Seitenfortsetzungen, die zum „Großen See" führen. Ein noch tieferes Absteigen zum Vierthalergang ist wenig lohnend. Der Rückweg aus der Höhle fordert am Eintrittsschluf (Spalte) in die große Tropfsteinkluft etwas Aufmerksamkeit (Markierung). Für eine Befahrung der beschriebenen Höhlenteile müssen etwa 3—4 st gerechnet werden.

Siehe auch Abb. S. 163.

Ausrüstung: G

Scheukofen: Nur ein kaum 30 cm hoher Schluf führt in die Schatzkammer.

Schwierigkeit: Die Höhle ist im Horizontalteil leicht zu begehen. Lediglich der Aufstieg zur Schatzkammer (etwa Schwierigkeitsgrad II) fordert Trittsicherheit und Vorsicht wegen der Rutschgefahr auf den teilweise feuchten, verlehmten Sinterplatten. Der Abstieg zum „Großen See" ist bis auf die zweite Wand (evtl. Seil oder Trittleiter) nicht schwierig.

Gipfelanstieg im Höhlenbereich: Da die Höhle in unmittelbarer Talnähe liegt und die Möglichkeit eines Gipfelanstieges nicht direkt gegeben ist, bietet sich eine Tour zur Eisriesenwelt-Schauhöhle bei Werfen (Tour 15) an.

Foto rechts: Korkenzieherförmiger Exzentriques auf Knöpfchensinter.

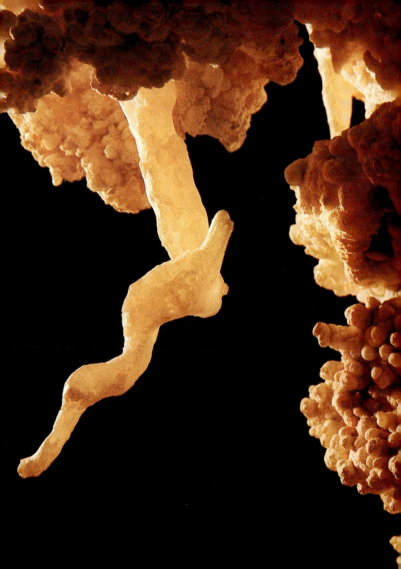

14 Tantalhöhle, 1710 m
Berchtesgadener Alpen (Hagengebirge)

Allgemeine Beschreibung

Charakter: Riesenhöhle mit nur unbedeutenden Eis- und wasseraktiven Teilen.

Länge: 30 600 m; Gesamthöhenunterschied 435 m.

Erforschungsgeschichte: Die Tantalhöhle wurde 1947 von Alfred Koppenwallner entdeckt. Mit ihrer Erforschung begann eine neue Epoche in der österreichischen Höhlenforschung. Die ungewöhnlichen Schwierigkeiten erzwangen neue befahrungstechnische Methoden, die gewaltigen Entfernungen in der Höhle machten mehrtägige, exakt geplante Expeditionen notwendig, von denen die längste 209 Stunden dauerte.

In den ersten 5 Jahren wurden 16 km Ganglänge neu vermessen. Dabei wurden in der Höhle zwei Biwakschachteln und eine Materialseilbahn eingerichtet, eine Hütte in der Nähe des Eingangs gebaut und ein seilgesicherter Weg dorthin angelegt. In der Höhle wurden an schwierigen Stellen des Haupteinganges fixe Eisenleitern eingebaut.

1972 wurden die Forschungen wieder aufgenommen, wobei allein in den Jahren 1971/1972 12 km Ganglänge neu vermessen werden konnten. Die Erforschung der Tantalhöhle ist heute noch keineswegs abgeschlossen.

Besonderheit: Die Höhle weist bei durchwegs sehr großräumigen Gängen gewaltige Horizontalentfernungen auf. Aufgrund der umfangreichen Sicherungsanlagen erlaubt sie auch Höhlenbegehern ohne Spezialausrüstung Touren von über 20 st Länge, wobei eine Tagferne von 8 km erreicht wird. In einigen Seitengängen kommen schöne Aragonitkristalle vor.

Talort: Tenneck im Salzachtal, 520 m.

Zugangsbeschreibung: Von Salzburg kommend biegt man in Tenneck nach rechts in die, ins Blühnbachtal führende, Blühnbachtalstraße ab. Die Straße ist ab Ortsrand für den allgemeinen Verkehr durch einen Schlagbaum gesperrt. Kurz hinter

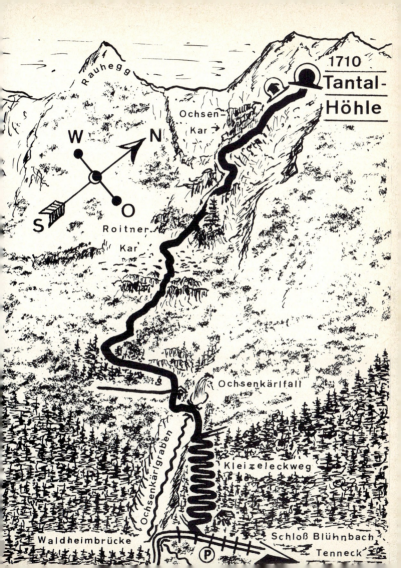

dem Ortsrand gabelt sich der Fahrweg in einer Kurve; links bez. Fahrweg zur Eckberthütte, rechts Privatweg „Maximiliansstraße". Hier nach rechts auf dem nicht weiter ausgeschilderten aber gut ausgebauten Fahrweg über die Rupertihöhe zum Schloß Blühnbach (etwa 10 km, 2½ st). Am Schloß vorbei erreicht man nach weiteren 20 Min. einen mit Kleizeleckweg bez., nach rechts abzweigenden Fahrweg, der in Serpentinen den Südabhang des Hagengebirges hinaufführt. (Folgt man dem Hauptweg geradeaus weiter, so erreicht man etwa 50 m weiter eine mit „Waldsteinbrücke" beschilderte Brücke über den im Ochsenkarlgraben verlaufenden Bach). Hier verläßt man den Hauptweg nach rechts und steigt auf dem teilweise grasüberwachsenen Kleizelweg bis zu dessen 17. Kehre auf. Von dieser geschotterten, seitlich mit Steinen befestigten Kehre hat man einen direkten Einblick in den Ochsenkarlgraben, etwas oberhalb der Kehre ist der Kleizeleckwasserfall zu sehen. Genau in der Kehre zweigt ein deutlicher Jagdsteig ab, der in den Ochsenkarlgraben hinabführt. Man folgt diesem Pfad und überquert nach wenigen hundert Metern auf einer Holzbrücke einen Bach, direkt unterhalb des oben erwähnten Kleizeckwasserfalls. Kurz darauf passiert der Weg auf seiner rechten Seite eine alte Wegtafel (Claussteig). 20 m danach gabelt sich der Weg. Hier nicht geradeaus auf dem Hauptweg über das Bachbett weiter, sondern nach rechts oben, auf unscheinbarem Pfad, steil ansteigen. Dieser Pfad führt direkt zur Tantalhöhe. Nach einer kurzen, direkt auf die Tantalköpfe zuführenden, steil ansteigenden Strecke führt der Steig nach links über ein Bachbett (Steinmanndl auf beiden Seiten) und steigt von da an auf der westlichen Seite des Bachbettes nach oben, bis man eine kleinere Wandstufe erreicht. Diese Wandstufe umgeht der Pfad in einem weiten Bogen nach Westen. Der manchmal etwas schwer auszumachende Weg ist immer wieder mit Steinmanndln markiert und folgt dem Ochsenkarlgraben durch Buschwerk, Latschen und über Schrofen bis in seinen obersten Teil. Hier verlieren sich die Pfadspuren in den Geröllfeldern des Roitnerkares. Von

Tantalhöhle: Abstieg in einen der unzähligen Abgründe.

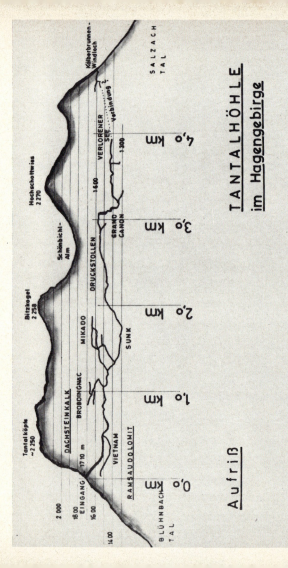

hier aus wendet man sich weglos durch das auf den nordöstl. Wandabschluß hinführende Geröllfeld genau auf eine im unteren Wandteil auf einer Felsnase isoliert stehenden Fichte zu. Wenige Meter von dieser Kleinen Fichte in Richtung auf die Felswand hin beginnt eine mit Eisenstiften und Drahtseilen gesicherte Steiganlage. Hat man diesen Einstieg gefunden, so ist der folgende, über Grasbänder und Felsen etwa 100 m nach oben führende Steig nicht mehr zu verfehlen. Man gelangt über ihn zu der in einer Halbhöhle gelegenen Biwakschachtel „Villa Atlantis" (Eigentum des Landesvereins für Höhlenkunde in Salzburg).

Zeiten: Kleizeleckweg bis zu seiner 17. Kehre: $1/2$ st; von dort bis zum Einstieg $1-1^{1}/_2$ st; Einstieg — Villa Atlantis 20 Min. Gesamtzeit Tenneck — Villa Atlantis $4^{1}/_2-5^{1}/_2$ st.

Von der Villa Atlantis steigt man in der nordöstl. hinaufführenden Rinne (auf deren rechter Seite) bis kurz vor den senkrechten Wandabschluß auf. Hier wenige Meter nach links zu dem unter einem überhängenden Wandabschluß gelegenen Höhlenportal. Von der Villa Atlantis 10 Min.

Hinweis: Die Höhle ist in der AV-Karte Hagengebirge lagerichtig eingetragen. Der Zustieg zur Höhle fordert im letzten Teil leichte Kletterei und Schwindelfreiheit.

Raumbeschreibung: Eine genaue Beschreibung sämtlicher Teile der Tantalhöhle zu geben, würde den Rahmen dieses Führers sprengen. Es seien deshalb an dieser Stelle nur die eingangsnahen Teile genauer beschrieben. Ein Vordringen in die tagfernen Teile des Hauptganges setzt in jedem Fall Erfahrung und ein selbständiges Arbeiten mit Planskizzen voraus. Vorstöße in die neueren Seitengänge, die im letzten Teil dieser Beschreibung kurz erwähnt werden, bleiben expeditionsmäßig ausgerüsteten Gruppen vorbehalten.

Vom Eingangsportal folgt man nicht dem geräumigen, horizontal in den Berg führenden Hauptgang (dieser ist nach wenigen Metern verstürzt), sondern steigt noch im Tageslicht-

Eiskogelhöhle: Durch Absinken der Frostlinie plastisch gewordene Eisfahnen (Tour Nr. 17).

bereich zum tiefsten Punkt der hinter dem gewaltigen Eingangsblock liegenden Doline ab. Vom Grund dieser Doline klettert man zwischen Versturzblöcken hindurch eng und steil hinab, bis man nach wenigen Metern auf eine feste Eisenleiter trifft. Über diese etwa 5 m hinab, dann durch einen kurzen Stemmkamin und über eine weitere Eisenleiter, bis man schließlich einen geräumigen Gang erreicht. Folgt man diesem etwa 10 m breiten und 6 m hohen Gang (hier befinden sich zeitweise einige schöne Eisfiguren), so gelangt man nach kurzer Zeit zu einem gewaltigen Abbruch, der in eine scheinbar grundlose Halle hinabführt. (Vorsicht, der Randbereich dieses Abbruches ist schwierig!) Hier steigt man zunächst über eine etwa 15 m hohe, am Schluß frei durch den Raum führende, feste Eisenleiter zu einem Absatz ab, dann weiter, hinter der Leiter vorbei, durch eine Rinne steil bergab, bis man nach Passieren einiger Sicherungen und einer schrägen Eisenleiter zu einem kurzen Gegenanstieg gelangt. Dieser über eine fixe Eisenleiter hinauf, dann stetig weiter, jetzt unschwierig, über Geröll und Blockwerk hinab (zum Teil gebahnter Weg). Bei Vermessungspunkt 59 verläßt man den sehr großräumigen Hauptgang durch Bodenversturzblöcke und gelangt über einen kleineren Seitengang erst 50 m später wieder auf den weiter stetig abfallenden Hauptgang.

Etwa 200 m unterhalb des Eingangsniveaus ($1^{1}/_{2}$ st Gehzeit) ebnet sich der Gang und führt über bequem zu begehenden Sandboden an Wasserstandsmarken vorbei. Nach Passieren einiger Abzweigungen (Orientierung anhand der Planskizze) fällt der Gang erneut ab und erreicht beim Sunk seine tiefste Stelle von 200 m unterhalb des Eingangsniveaus. Von hier wieder 200 m stetig ansteigend, trifft man schließlich auf die stürzende Halle, 4 km vom Eingang entfernt. Hier befindet sich eine aus Aluminiumblech gefertigte Biwakschachtel, die 6 Personen Platz bietet.
(Gehzeit etwa 7 st.)

Der Gangverlauf hinter der stürzenden Halle ist annähernd horizontal, unterbrochen von kurzen Auf- und Abstiegen. Nach einer Gehzeit von 12—14 st vom Eingang erreicht man am oberen Rand des Gran Cañon die „Villa Bonaparte", eine abgemauerte Nische, die 6 Personen Platz bietet. Bis hierher ist ein Vordringen ohne spezielle Kletterausrüstung (aber Biwakausrüsung) möglich. Will man dem Hauptgang weiter folgen, so ist am Gran Cañon ein Abstieg von zunächst 100 m notwendig, dem kurz darauf ein weiterer Abstieg von 75 m in die Siebenschächtehalle folgt. Hier wird der Hauptgang von engen, schlufartigen Gängen abgelöst. Zum bisher tagfernsten Punkt führt schließlich ein weiterer 150-m-Schacht (Nasentröpferlschacht) hinab, der in großen, aber mit Lehm verschlemmten Hallen seine Fortsetzung findet. Seit 1971 wurden einige große Seitengänge erforscht. Hier die wichtigsten:

1. Vietnam: Der Gang beginnt zwischen Spitzem Pfeiler und Wurstelabstieg und endet nach etwa 1100 m in mehreren Schloten.
Im Mittelteil des Ganges befinden sich die größten Excentriques in Salzburger Höhlen.

2. Allerheiligengang: Der Allerheiligengang führt schwierig etwa 100 m steil ansteigend vom Hauptgang weg nach oben und erreicht schließlich mit dem Brobdingang mit 50 x 30 x 30 m eine der größten Hallen der Tantalhöhle. Die Gesamtlänge dieses noch nicht vollständig erforschten Seitengangs beträgt etwa 3 km.

3. Mikado-Steinwurfgang: Dieser Teil besteht aus mehreren, parallel zum Hauptteil verlaufenden Gangstrecken, die durch zum Teil schwierige Kletterei vom Hauptgang aus an mehreren Stellen erreicht werden können. An einem Ende dieses Gangsystems befinden sich schöne Gipskristalle.
Gesamtlänge etwa 4 km.

Ausrüstung: G + B

Schwierigkeit: Hauptgang bis zum Rand des Gran Cañon: Absolute Trittsicherheit und mäßig schwierige Kletterei, ansonsten lediglich je nach Länge der Unternehmung nur gute Kondition notwendig.
Abstieg in den Gran Cañon und neue Seitengänge: Schwierige und sehr schwierige Kletterei. Wegen der großen Tagferne der Gänge ist expeditionsmäßiges Vorgehen unerläßlich. Entsprechende Vorhaben sollten nur nach Absprache mit

Tantalhöhle: Die Biwakschachtel „Villa Atlantis".

dem Landesverein für Höhlenkunde in Salzburg durchgeführt werden, über den auch die hierfür notwendigen, genauen Planskizzen bezogen werden können.

Gipfelanstieg im Höhlenbereich: Es bieten sich mehrere Klettertouren von der „Villa Atlantis" aus an (siehe Hüttenbuch).

Foto rechts: Adventhöhle: Verlehmte und nasse Gangteile (Tour Nr. 5).

15 Brunnecker Höhle, 535 m
Tennengebirge

Allgemeine Beschreibung

Charakter: Aktive Wasserhöhle, bei starken Niederschlägen entspringt aus dem unteren Eingang ein starker Wildbach.

Länge: 3500 m; Gesamthöhenunterschied 74 m.

Erforschungsgeschichte: Die Höhle ist schon sehr lange bekannt und wurde vor 1900 oft von Goldsuchern begangen. 1911 wurde sie von A. Mörk bis zur Seehalle und zum Wassergang und bereits 1918 von W. Czoering, F. Mahler und W. Riehl bis zu einer Länge von 1850 m befahren. In jüngster Zeit wurde in Vorstößen, die vornehmlich im Winter erfolgten, eine Gesamtlänge von 3500 m vermessen. Hierbei wurden nach Überwindung eines 45-m-Siphons (Alexanderfall) großräumige, wasserführende Gangteile erkundet. Die Erforschung und Vermessung ist noch nicht abgeschlossen.

Besonderheit: Die Höhle liegt direkt an der Salzach-Bundesstraße und ist daher auch im Winter gut zu erreichen. In den hinteren Höhlenteilen tritt fließendes Wasser ein und bildet mehrere Wasserfälle (Alexanderfälle, Johannesfall).

Talort: Golling — Paß Lueg, 481 m.

Zugangsbeschreibung: Bei Golling verläßt man die von Salzburg kommende Tauernautobahn und fährt auf der Bundesstraße weiter zum Paß Lueg. Der vom Südportal des Straßentunnels aus zweite, gemauerte Kanaleinstieg führt hinab zum oberen Höhleneingang. Der betonierte Straßenentwässerungsschacht ist mit Eisenklammern versehen.

Raumbeschreibung: Der Einstieg in die Höhle erfolgt vom oberen Eingang aus. Der untere Eingang liegt unterhalb der Straße, am Beginn eines Wildbachbettes. Etwa 1 m hoch, am Grund des gemauerten Einstiegsschachtes, öffnet sich der obere Eingang. Schon nach wenigen Metern muß man schlufen und erreicht eine kleine Kammer, von der eine niedrige und feuchte Felsrutsche abwärts führt. Dieser abfallende Schluf ist für den Abstieg mit einem Seil versehen. Am Ende der Felsrutsche trifft man auf eine senkrecht zum jetzigen

Gang verlaufende Kluft (Pfeilmarkierung an der Decke für den Rückweg). Der nach links unten nur schlufbare Kluftteil führt in den parallellaufenden Gangteil des unteren Einganges. Man folgt nun rechts aufsteigend wenige Meter der Querkluft und erreicht eine kleine Kammer. Von hier führt ein Spalt in den Berg hinein.

Diesem Spalt, der sich bald zu einem Stollen erweitert, folgt man nun kriechend weiter. Von links unten münden mehrere Verbindungen zum parallellaufenden, tieferen Gang. Bald erreicht man einen länglichen See, den man in gebückter Haltung überspreizen muß. Am Ende des Sees ist am Boden ein hellblauer Pfeil sichtbar, der in Richtung des Ausganges weist. Man folgt nun dem Gang, in den ständig von links unten kommende Verbindungsstollen zum unteren Gang einmünden, weiter bis zu einer räumlichen Erweiterung. Hier verzweigt sich nun der Gang.

Nach links unten führt ein breiter, schräg abfallender Spalt zum Hausjellfall. Eine weitere Fortsetzung (einige rote Inschriften am Einstieg) führt, am Einstieg balkenartig, ebenfalls wieder in den Kluftspalt, der zum Hausjellfall führt. Die rechte, leicht ansteigende Fortsetzung leitet über den Wassergang zum Czoernig-Mahler-Platz.

Der nach links unten abfallende Spalt, welcher zum Hausjellschacht führt, vereinigt sich schon bald mit dem vom unteren Eingang parallellaufenden Gang. Der Abstieg in diesen Spalt ist wegen der nur geringen Höhe und starken Nässe unangenehm. Folgt man dem Spalt ständig abwärts rutschend, erreicht man am Grund den Abbruch des Hausjellschachtes. Rechts am oberen Rand des Schachtabbruches mündet ein ovaler Stollen ein, der zum Czoernig-Mahler-Platz hinaufführt. Durch ihn steigt man, ständig den oberen Profilen folgend, bis zum Czoernig-Mahler-Platz auf (Trittleitern und Schläuche zum Abhebern des Wasserganges).

Den Czoernig-Mahler-Platz kann man auch durch den rechts aufsteigenden Gang an der vorher beschriebenen Gangverzweigung erreichen. Folgt man dieser Fortsetzung kurz ansteigend, so erreicht man schon nach wenigen Metern einen geräumigen Platz, der mit Schotter erfüllt ist. An diesen Raum

15 Brunnecker Höhle — Tennengebirge

schließt sich nun der 1,5 m breite und 22 m lange Wassergang an, der direkt zum Czoernig-Mahler-Platz führt. Der Wassergang kann bis zu einer Tiefe von 2 m mit Wasser gefüllt sein. Bei günstigem Wasserstand kann er in gebeugter Haltung überspreizt werden.

Vom Czoernig-Mahler-Platz folgt man dem nun geräumigen Gang (die von links einmündende Fortsetzung führt bald wieder in den Hauptgang), bis er eine breite Querkluft anschneidet. Dieser querliegende Höhlengang leitet in die nun großräumig werdende Höhle über. Nach links führt die Querkluft abfallend und bald eng werdend in einer 360°-Kehre in die Verzweigungshalle.

Der rechte Teil der Querkluft endet bald und ein Schachtaufstieg stellt die Verbindung zum 45 m langen und 15 m hohen Teufelsdom dar. In diese größte Halle der Höhle bricht der Alexanderfall. Das Wasser fließt über mehrere Kaskaden und Seen durch die weiten Gänge ab. Als Johannesfall ergießt sich der Höhlenbach schließlich in die Seehalle. Der Teufelsdom und die Seehalle können von der Verzweigungshalle aus erreicht werden.

Beste Zeit für die Befahrung sind die Wintermonate.

Hinweis: Die Brunneckerhöhle ist eine aktive Wasserhöhle und sollte daher nur bei günstigsten Wetterverhältnissen aufgesucht werden. Starke Niederschläge oder das Einsetzen der Schneeschmelze (z. B. bei Föhneinbruch) haben oft ein vollständiges Überfluten der Höhle zur Folge.

Ausrüstung: G

Schwierigkeit: Die Höhle besteht im Bereich bis zum Czoernig-Mahler-Platz teilweise aus engen, niedrigen und feuchten Kluftspalten, die etwas Ausdauer verlangen.

Großer Eiskeller: Eingangshalle (Tour Nr. 9).

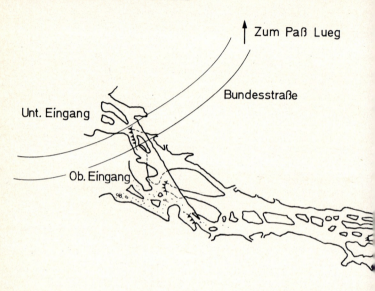

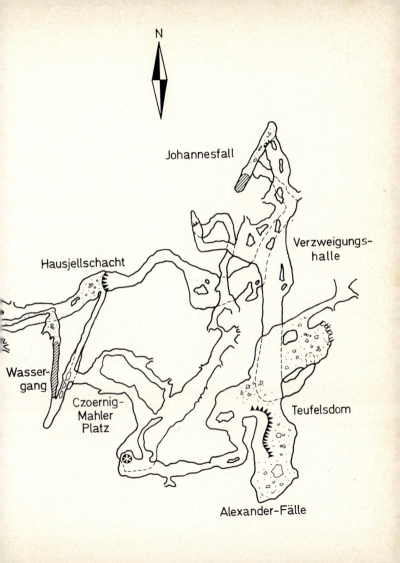

16 Eisriesenwelt, 1641 m
Tennengebirge

Allgemeine Beschreibung

Charakter: Sehr großräumige Eishöhle.

Länge: 42 000 m; Gesamthöhenunterschied 407 m.

Erforschungsgeschichte: Im Oktober 1879 besuchte A. v. Posselt eine Höhle im Tennengebirge, die wenig später ihm zu Ehren „Posselt-Höhle" genannt wurde. Am 22. 11. 1912 begann die systematische Erforschung dieser, später als Eisriesenwelt bekannten, Höhle durch Alexander von Mörk. In mehreren Vorstößen wurden große Labyrinthe, Hallen und Dome erkundet. 1920 wurde die Eisriesenwelt für den Touristenverkehr eröffnet. 1923 wurden Holztreppen zur leichteren Begehung installiert. Heute führt eine gut ausgebaute Straße bis zu einer Seilbahn, die hinauf zum Dr. F. Oedl-Haus führt.
Die Erforschung der Eisriesenwelt ist noch nicht abgeschlossen.

Besonderheit: Die Eisriesenwelt ist die größte Eishöhle der Welt (etwa 20 000 qm groß).

Talort: Werfen, 548 m.

Zugangsbeschreibung: Von Salzburg über die Autobahn und die Salzachbundesstraße bis Werfen. Hier auf der gut ausgeschilderten Eisriesenweltstraße bis zum Parkplatz und in 10 Min. bequemer Wanderung zum Rasthaus Wimmerhütte an der Talstation der Eisriesenweltseilbahn. Von Werfen bis zum Parkplatz Wimmerhütte verkehrt auch ein Kleinbus-Taxiverkehr.

Raumbeschreibung:

1. Schauteil: Nach dem Tor erreicht man den ersten Eissee. Die Höhle ist hier nur weniger als 5 m hoch. Man steigt gleich hinter dem ersten Eissee etwas auf und gelangt an den Fuß der gewaltigen Posselthalle. Die Halle ist über 20 m hoch und weist permanentes Sohleneis auf. Ein 10 m hoher Eisturm ragt etwa in der Mitte der Posselthalle aus dem steil aufsteigenden Eis auf. Bis zu 6 m dick ist das Bodeneis. Kurz nach

Eisriesenwelt: Im Führungsteil.
Foto: Eisriesenweltgesellschaft.

einem riesigen Felszahn erreicht man an einem steilen Eiswall das vorläufige Ende dieser überwältigenden Halle. Der Weg führt nun weiter über den Kanzeleiswall zum unteren Boden der Hymirhalle. In diesem 25 m hohen Eisdom wächst ein aus mehreren Eissäulen gebildeter, gewaltiger Eisberg empor. Wie ein riesiger Kronleuchter wachsen Eiszapfen der Spitze des Eisberges entgegen. Ostseitig befindet sich eine Eiskapelle mit schönen Eisvorhängen. Der Weg führt nun weiter durch Höhlenräume mit den bezeichnenden Namen: Niflheim, Donardom, Odinsaal und Asenheim zum Sturmsee. Auf dieser etwa 150 m langen Hohlstrecke ist die Decke oft in greifbarer Nähe. Auch sind Gangstrecken hier teilweise eisfrei. Im Odinsaal mündet der am Niflheim abzweigende Wassergang wieder in den Haupthöhlenzug. Der Wassergang ist in diesem Bereich der einzige Gang (Druckstollen), der durch Wasserkraft erzeugt wurde. Hinter dem Asenheim erreicht man den Sturmsee. Er war eines der schwierigsten Hindernisse für die Ersterforscher. Seinen Namen erhielt er von den Ersterforschern, die im Juli 1913 den „wildwogenden" Eissee erreichten, über den aus einer Bergspalte ein heftiger Wind blies. Der Sturmsee wurde später abgelassen. Bald hinter dem Sturmsee schließt das sog. Eistor an. Ein riesiger, über 30 m breiter Felsraum folgt. Die Wände und der Boden sind mit Eis, das oft durch den Höhlenwind verformt wird, ausgekleidet. Im Raumteil links des Eistores (Utgardsburg), steht eine riesige Eismauer, die durch ein Tor umgangen werden kann. Der Eisboden fällt hier teilweise sehr steil ab. Folgt man diesem großen Felsraum über sein bis zu 15 m mächtiges Sohleneis, so weitet sich der Raum bald zum, über 40 m hohen, Alexander-von-Mörk-Dom aus. Den Abschluß des Eisteiles der Höhle stellt der Eispalast mit dem an ihn anschließenden Eislabyrinth dar. Dieser, nicht für Touristen freigegebene Höhlenteil birgt schöne Wandversinterungen in Verbindung mit grünlich-blau scheinenden Eiszapfen. Am Eispalast endet nun der Schauteil.

2. Nicht für den Tourismus erschlosener Höhlenteil:

Vom Eispalast steigt man, an roten Karrenbildungen vorbei, hinab in den 12—15 m hohen U-Tunnel, einem der eigenartigsten Räume der Höhle. Von links münden sowohl vor dem

Tennengebirge   Eisriesenwelt 16

U-Tunnel, als auch anschließend, im Midgard, Stollen aus dem Eislabyrinth ein. Hinter dem U-Tunnel führt der Riesengang Midgard weiter in den Berg hinein. Vereinzelt wachsen hier noch Eisfiguren aus dem mit Blockwerk bedeckten Boden. Unzählige Nebenröhren dringen von links in diesen großen Gang ein. Unter anderem zweigt hier auch ein etwas geräumigerer Stollen zum Cañonlabyrinth ab. Hier befinden sich einige Schächte und Schlote. Folgt man dem Midgard weiter, so hält man sich möglichst nach links hinauf, über eine Blockhalde (Wasserberg), um nicht nach rechts in das Ganggewirr des Krapfenlabyrinthes zu gelangen. Von rechts münden nun viele Gänge in den Hauptgang ein. Sie kommen aus dem Krapfenlabyrinth oder dem Irrgarten. Folgen wir, uns stets rechts haltend, dem breiten Hauptgang, so passieren wir die rechte Seitenfortsetzung des Lehrganges und gelangen schließlich in den nördlichen Ast der Haupthöhle. Diese Fortsetzung führt über den Frithjof-Oedl-Dom durch den 12 m hohen Lehmtunnel zum hängenden Block, der einen gefährlichen Durchschlupf zum Dom des Grauens gewährt. Zweigt man etwa gegenüber dem Lehmgang nach rechts ab, so erreicht man über die zweite Verbindungsstelle die geräumige Teilungshalle, die in die Gerade Kluft weiterführt. Die Gerade Kluft ist eine 250 m lange, gerade Bergspalte, die teilweise nur 5 m breit, aber mindestens 30 m hoch ist. Am Ende der Geraden Kluft steigt man 15 m über Blöcke empor und schließlich über eine Strickleiter wieder 10 m tief zur Mausefalle ab. Ein Ende ist hier noch nicht erreicht. Der anschließende Gang verzweigt sich bald wieder und führt einmal nach links relativ breit hinauf zum Kirchdach, durch den Tropfsteintunnel und am Diamantenreich vorbei zum Tropfsteindom. Der gerade weiterführende Höhlenast führt etwas unwegsam zum Narrenberg und zur Trümmerhalle. Eine genauere Beschreibung aller Seitenfortsetzungen und der Labyrinthe würde an dieser Stelle zu weit führen und den Rahmen des Höhlenführers übersteigen.

Die Eisbildung und die Entstehung des Höhleneises

Das Eis in der einstmals wasserführenden Höhle konnte erst bei Eintreten von Sickerwässern in Kaltzeiten entstehen. Eine

16 Eisriesenwelt — Tennengebirge

Vereisung der Höhle im Hochstand der Eiszeiten ist jedoch unwahrscheinlich. Erst der Rückgang der Schneedecken im Frühjahr oder Sommer, also in einer Zeit des Kommens, bzw. des Schwindens der Eiszeiten, förderte durch eintretendes Tropfwasser die Eisbildung.

Für die permanente Vereisung der Höhle bis zum heutigen Tage spielen die Klimaverhältnisse eine entscheidende Rolle. So muß die Temperatur während eines Jahres einige Zeit über 0° liegen, um reichlichen Sickerwassereintritt zu gestatten. Weiter muß die restliche Zeit Temperaturen unter der 0°-Grenze aufweisen, um das Gefrieren des Sickerwassers zu garantieren. Tatsächlich entsprechen die Temperaturverhältnisse des 1640 m hoch gelegenen Eingangs der Eisriesenwelt den oben genannten Voraussetzungen. Messungen haben ergeben, daß die mittlere Außentemperatur in den Monaten von November bis März unter 0° und in den restlichen sieben Monaten über 0° liegt.

Von diesen Außentemperaturverhältnissen werden nun auch die Temperaturen in der Höhle beeinflußt. Jedoch wirkt sich diese Temperaturbeeinflussung in erster Linie nur auf den eingangsnahen Bereich aus. Je weiter man in die Höhle vordringt, desto geringer ist dieser Einfluß zu spüren. So ist auch nur der Eingangsbereich, etwa bis hin zum Eispalast, permanent vereist. Die Eisbildungen hängen vom Wandern der 0°-Isotherme (Isotherme = Linie gleicher Temperatur) in der Höhle ab. Im Winter reicht die 0°-Grenze am weitesten in die Höhle hinein. Diese Wanderung der 0°-Grenze während eines Jahres führt zum Formenreichtum der verschiedenen Eisfiguren. So entsteht ein Eissee durch Gefrieren eines Sickerwassertümpels. Die mächtigen Eiswälle und Eisfälle bilden sich durch eintretende Gerinne aus Spalten, die über den unebenen Höhlenboden abfließen und deren Zulauf über mehrere Stunden stockt, um ruhig gefrieren zu können. Sobald nun in die Höhle über längere Zeit Warmluft einbricht — bei Verschiebung der Nullisotherme — kommt es zu den eigenartigsten Eisformationen. Die vorher feinen Eisdecken werden durch

Eiskogelhöhle: Baumeis in der Eduard-Richter-Halle (Tour Nr. 17).

Eisriesenwelt — Tennengebirge

Schmelzen in unzählige Sechsecke zerlegt. Man spricht hier von sog. Wabeneis. Auch die Entstehung von Eishüten und Eiskeulen geht auf die Verschiebung der Frostlinie zurück. Eishüte und Eiskeulen sind verschiedenen hohe, relativ schlanke keulen bilden sich, wenn die Frostgrenze unter die Spitze der Eissäulen, deren Spitze eine keulenartige Verdickung ist. Eis-Eissäule absinkt. Beim Abschmelzen fließt Wasser an der Säule entlang und friert sofort wieder. Steigt nun die Nullisotherme wieder an, so wächst die Eissäule auf der keulenartigen Verdickung weiter. Eine weitere Erscheinung, die auf das winterbedingte Ansteigen der Frostgrenze zurückzuführen ist, stellt das Baumeis dar. Als Baumeis bezeichnet man horizontal wachsendes Eis. Diese Formation entsteht durch Streiftropfenwirkung. Der herabfallende Wassertropfen kühlt sich während des Fallens so weit ab, daß er bei der Berührung des festen Mediums sofort erstarrt.

Ausrüstung und Schwierigkeit: Da die Höhle für den Tourismus erschlossen ist, werden in der Zeit vom 1. Mai bis 15. Oktober täglich mehrere Führungen veranstaltet, bei denen neben warmer Kleidung und festen Schuhen keine weitere Ausrüstung benötigt wird. Für interessierte Höhlenforschergruppen können auch Führungen, die über den erschlossenen Schauteil hinausführen, durchgeführt werden.

Der erschlossene Schauteil ist nicht mit elektrischem Licht ausgestattet, so daß das Erlebnis, mit Karbidlampen und Magnesiumlicht in den Berg vorzudringen, erhalten bleibt. Eine Führung durch diese Höhle ist sehr empfehlenswert.

Auskünfte erteilt die Eisriesenweltgesellschaft m.b.H., Getreidegasse 21, A-5020 Salzburg.

Eiskogelhöhle, 2100 m   17
Tennengebirge

Allgemeine Beschreibung
Charakter: Sehr großräumige Eishöhle.
Länge: 5000 m, Gesamthöhenunterschied 345 m.
Erforschungsgeschichte: Seit 1877 sind zwei kleinere Eishöhlen in den Eiskogeln bekannt; 1942 entdeckte G. Abel die heute als „Eiskogelhöhle" bekannte Eishöhle, die mit den beiden erwähnten Höhlen in Verbindung steht. Die räumliche Erforschung und Vermessung der Höhle ist heute im wesentlichen abgeschlossen.
Besonderheit: Die Höhle besitzt zwei, durch einen eisfreien Mittelteil abgetrennte Eisteile, deren Eisfiguren periodischen Schwankungen unterliegen und eine Höhe bis zu 20 m erreichen. Mit 500 m Länge, 30 m Breite und 20 m Höhe gehört der „Gang der Titanen" in der Eiskogelhöhle zu den größten Naturhohlräumen der Erde.
Talort: Werfenweng, 901 m, über Bischofshofen — Werfen.
Zugangsbeschreibung: Vom Gasthof Wenghof (Autobusstation) führt eine Fahrstraße in den Wengerwinkel bis zum Gasthof Frommerbauer (Kfz.). Von dort auf bez. Güterweg zur Dr.-Heinrich-Hackl-Hütte, 1531 m (9 B., 60 L., 10 N.). Hier Nächtigungsmöglichkeit. Nun weiter auf dem bez. Weg zum Eiskogel/Tauernkogel bis in die Tauernscharte. Von der Hütte zunächst in Serpentinen steil durch ein Latschenfeld, dann den Südhang des Napfs querend und schließlich in das zwischen Napf und Tauernkogel gelegene Kar, in dem man bis zur Tauernscharte aufsteigt. Von der Tauernscharte wendet man sich westlich (links) und umgeht so (auf dem Nordhang des Napfs) den nördlich gelegenen Trog, bis man zu dem zwischen Napf und Eiskogel gelegenen Taleinschnitt (Heugasse) gelangt, der ins Salzachtal abfällt (kein Abstieg).
Die Heugasse wird in ihrem obersten Teil überquert, dann weglos über steile Wiesen aufsteigend zum gegenüberliegenden Wandfuß des kleinen Eiskogels. Diesem folgt man, an seinem östlichsten Punkt beginnend längs der Heugasse hinab, bis man auf den etwas versteckt liegenden, mit einem

Tennengebirge   Eiskogelhöhle 17

halbhohen Eisenschutzgitter gesicherten Höhleneingang trifft (2100 m). Zeit: WH Frommerbauer — Dr.-H.-Hackl-Hütte 1 st, Dr.-H.-Hackl-Hütte— Eiskogelhöhle 1$^{1}/_{2}$ st.

Raumbeschreibung: Die zum Naturdenkmal erklärte Eiskogelhöhle enthält keine künstlichen Steiganlagen. Vom Eingang aus steigt man über einen Schneekegel, der bald zu blankem Eis wird, steil ab. Man folgt dem Eisfluß, bis sich die teilweise recht eng zusammenlaufenden Gangteile zu weiten beginnen. An der ersten größeren Verzweigung führt links ein relativ geräumiger Gang stetig tiefer, der nach 30 m auf einen Abgrund trifft. Man hält sich bei dieser Gangverzweigung rechts und gelangt zum „Eissaal", in den durch eine Tagöffnung bläuliches Tageslicht einfällt. Wenige Meter danach erreicht man einen 3—4 m hohen Felsabschluß. Diese Felsbarriere, die mit alten Drahtseilen gesichert ist, übersteigt man, und gelangt nun, sich abermals bei einer Verzweigung rechts haltend, in die „Versturzhalle". Beim Eintritt in diese Halle wendet man sich sofort im spitzen Winkel nach links und steigt in einen ziemlich engen Gang ein. Diesem folgt man durch eisfreie Strudeltöpfe und gelangt nach etwas mühsamer Steigerei bald in eine kleinere Halle mit zeitweise schönen Eisfiguren. Den Abschluß dieser Halle bildet die sog. „Polyphemuspforte", ein etwa 40 cm hoher Schluf, an den sich der eisfreie Mittelteil der Höhle anschließt. Zuerst durch diese Engstelle schliefend, dann teils in gebückter Haltung, über Geröll und Blockwerk aufsteigend, gelangt man bis zum höchsten Punkt des Trümmerberges. Hier weitet sich die Höhle zu gigantischen Raumausmaßen. Man markiert zweckmäßigerweise für den Rückweg den Punkt, von dem man vom Trümmerberg aus die Polyphemuspforte wieder erreicht, mit einer brennenden Kerze (andernfalls Orientierung schwierig!). Die anschließende „Titanenhalle" ist 120 m lang, 80 m breit und 40 m hoch. An sie schließen sich zwei Riesengänge an. Rechts der Myrmidonengang, etwa 300 m lang und bis zu 30 m breit, führt stetig steigend zur „Kalypso-Grotte" mit einigen Tropfsteinen. Lohnender ist es, dem linken Hauptgang zu folgen. Dieser, der „Gang der Titanen", ist 30 m breit, 20 m hoch und 500 m lang und zählt mit diesen Ausmaßen zu den größten Hohlräumen der Erde. Es ist empfehlenswert (wegen der Großräumigkeit) als

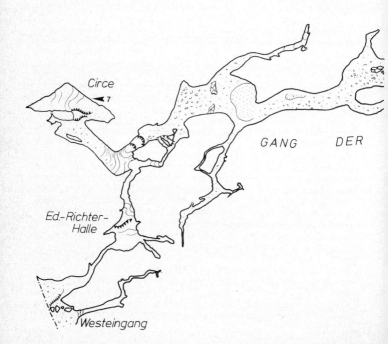

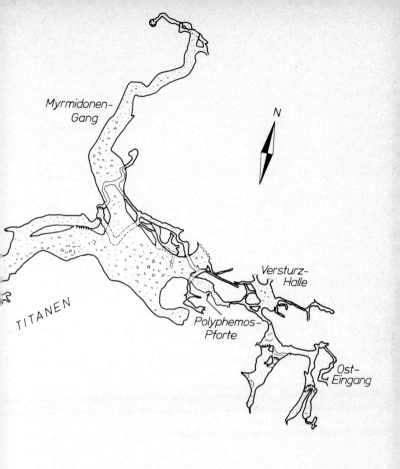

Scheukofen: Das riesige Eingangsportal (Tour Nr. 13).

Orientierungshilfe sich an der linken Wand des Ganges zu halten. Man passiert, stets dem Hauptgang folgend, bald einige unbedeutende Seitenäste. Nach etwa 250 m erreicht man rechterhand ein großes Lehmfeld. Hier zweigen sowohl rechts als auch links kleinere Gänge ab, denen man jedoch nicht folgt. Stattdessen hält man sich stets an der nunmehr rechten Höhlenwand des Hauptganges und gelangt hinab in den sich verzweigenden Gang, über grobes Blockwerk zum „Lotophagengang", der direkt in den zweiten Eisteil führt. Hier trifft man wieder auf mächtige Boden- und Wandvereisungen. Man steigt nun über dicke Eiswälle steil abwärts (alte Stahlseilreste), bis sich der Gang zu einer ebenen Halle weitet (rechts, in einer Nische, befindet sich das Höhlenbuch). Hier teilt sich der Gang. Folgt man dem rechten, größeren

Gangteil über einen Eissattel mit schönen Eisfiguren und schließlich über eine fast 20 m tiefe und 40° steile Eisflanke hinab, so erreicht man, kurz über Blockwerk nach rechts querend, die mächtige Halle der „Circe". Sie ist mit gewaltigen Eiskaskaden und Eistürmen geschmückt. Folgt man bei der Verzweigung des Lotophagengangs dem linken kleineren Ast, so erreicht man, abermals über Eiswälle absteigend, die „Eduard-Richter-Halle". Den Boden dieser Halle bildet ein mächtiger Eissee. Hier trennt ein Eissyphon die Höhle vom sog. Westeingang, der in der Ostflanke des kl. Eiskogels liegt. Der Rückweg aus der Höhle erfolgt in umgekehrter Folge wie der Einstieg. Eine Befahrung, die in die beschriebenen Eisteile führt, dauert etwa 4—6 st.

Ausrüstung: G + E.
Siehe auch Abb. auf S. 7, 141, 157.

Schwierigkeit: Die vorwiegend horizontal angelegte Höhle fordert Trittsicherheit und Übung im Gebrauch von Steigeisen.

Gipfelanstiege im Höhlenbereich:
Tauernkogel, 2249 m; von der Tauernscharte auf bez. Steig rechts über unschwierige Schrofen zum Gipfel. 20 Min.
Napf, 2164 m; von der Tauernscharte links über steile Wiesen und Schrofen in 10 Min. zum Gipfel.
Großer Eiskogel, 2321 m; von der Heugasse zum Sattel zwischen Eiskogel und Schartwand, bis man dort auf den bez. Weg trifft; dann links ab, über Grashänge, zum Gipfel. ³/₄ st.

18 Koppenbrüllerhöhle, 580 m — Mammuthöhle, 1360 m — Rieseneishöhle, 1453 m

Dachstein-Gruppe (Dachsteinhöhlenpark)

1. Koppenbrüllerhöhle

Allgemeine Beschreibung

Charakter: Aktive Wasserhöhle.

Erforschungsgeschichte: Die Kopenbrüllerhöhle ist wegen ihrer Talnähe und wegen des donnernden Wassers, das sich zeitweise aus ihrem Eingang ergießt, schon von alters her bekannt. 1909 begann die systematische Erforschung und die Errichtung von Weganlagen durch Mitglieder des Vereins für Höhlenkunde und des Touristenvereins „Die Naturfreunde".
1927 gelang über der „Simonyhalle" die Entdeckung eines Raumes, dessen Decke dicht mit bis zu 40 cm langen, bleistiftdicken Sinterröhrchen bedeckt ist. In den Jahren 1927 und 1952 wurden die Weganlagen durch die Dachsteinhöhlenverwaltung verbessert und ausgebaut. Die jüngsten Forschungen konzentrierten sich auf den „Bocksee", der bis vor wenigen Jahren den Endpunkt der Höhle darstellte. Hier gelang es 1968 den Tauchern Jochen Hasenmayer und Wunsch einen etwa 100 m langen und bis zu 20 m tiefen Siphon zu durchtauchen und neue, trockene Gänge anzufahren. Die Koppenbrüllerhöhle stellt eine sehr eindrucksvolle, aktive Wasserhöhle dar. Trotz ihres Ausbaues als Schauhöhle hat sie durch den Verzicht auf künstliche Beleuchtungsanlagen ihre Ursprünglichkeit behalten. Besucher werden mit Karbidlampen durch die Höhle geführt.

Talort: Obertraun am Hallstätter See, 512 m.

Zugangsbeschreibung: Von Obertraun auf dem Fahrweg über den Koppensattel nach Bad Aussee bis zum Gasthaus Koppenrast (Bahnhaltestelle Obertraun — Koppenbrüllerhöhle). Von hier auf bez. Fußweg in 15 Min. zum Höhleneingang.

Raumbeschreibung: Man betritt die Höhle durch einen künstlich angelegten Verbindungsstollen, der auch bei starker Wasserführung einen Besuch der Höhle ermöglicht. Die erste große Erweiterung des Gangverlaufes stellt die „Simonyhalle" dar, deren Boden mit großen Versturzblöcken übersät ist. Über den Kreuzgang erreicht man schließlich die „Hannakluft", benannt nach der Miterforscherin der Koppenbrüllerhöhle, Hanna Bock. Von hier aus folgt man längs einer steilen Bergspalte dem Verlauf des Höhlenbaches, der bei einem Gewitter oder bei einsetzender Schneeschmelze sehr schnell ansteigen kann. Vorbei an einem Wasserfall und einigen schönen Wandversinterungen erreicht man schließlich den „Bocksee", Endpunkt des Führungsweges. Auf dem Rückweg wird kurz vor dem Erreichen des Ausganges der Hauptweg verlassen und über eine Treppe zur „Lahnerhalle" abgestiegen. Hier befindet sich ein periodischer Wasserfall. Über den „Geistersteig" gelangt man zu der von einem Bach durchflossenen „Krokodilhalle". An diesem tiefsten Punkt der Höhle verschwindet das Wasser in einem Schluckloch. Bei plötzlicher starker Wasserführung kann dieser Abfluß nicht genügend Wasser aufnehmen — das Wasser steigt stark an und überflutet den Führungsweg oft innerhalb einer Stunde. Das gestaute Wasser fließt schließlich durch den Höhleneingang ab, wobei gleichzeitig unter Gurgeln Luft entweicht (Koppenbrüller). Über die „Englhalle" erreicht man wieder den Eingang. Führungsweg 1 km, Dauer der Führung etwa 1 st. Die Höhle ist Anfang Mai bis Ende September täglich von 8.00 bis 12.00 Uhr geöffnet; Kartenausgabe am Höhleneingang. Eintrittspreis (1976) 22 S. Für Kinder und Mitglieder alpiner Vereine gibt es Ermäßigungen.

2. Die Mammuthöhle

Allgemeine Beschreibung

Charakter: Riesenhöhle.

Länge: 27 746 m, Gesamthöhenunterschied 405 m.

Erforschungsgeschichte: Angeregt durch die Entdeckung der in unmittelbarer Nähe gelegenen Rieseneishöhle wurde 1910 von Alexander v. Mörk und Hermann Bock der westliche Eingang der Mammuthöhle erkundet. Noch im selben Jahr wurde der sog. alte Teil des Höhlensystems erforscht (wobei allein bei der ersten Expedition in der Zeit vom 17.–19. 9. 1910 4 km Ganglänge vermessen werden konnten).
Die wichtigsten Forschungen seitdem:
1911 Mitternachtsdom und Paläotraun

DACHSTEIN - RIESENEISHÖHLE

Maßstab
0   50   100

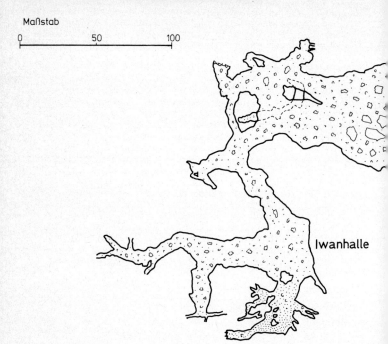

Iwanhalle

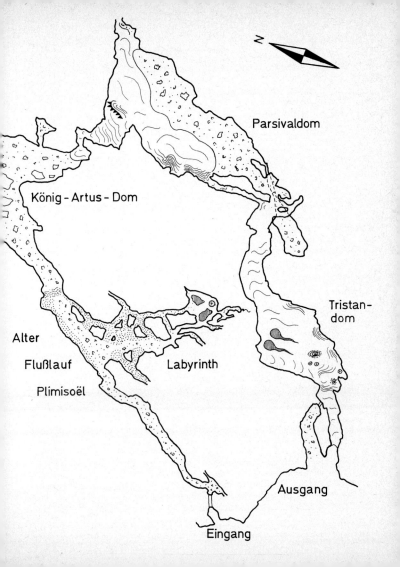

18 Koppenbrüllerhöhle — Dachstein-Gruppe

1912 Arkadenkluft und „Reich der Schatten"
1913 Windstollenlabyrinth; Abstieg zum Minotauruslabyrinth
1914 Entdeckung des Osteinganges
1923 Feenpalast
1947 Pilzlabyrinth
1954 Edelweißlabyrinth
1956 Entdeckung einer Riesenkluft im alten Teil
1972 Blasenlabyrinth.

Die ersten Weganlagen wurden 1924/25 von Pionieren des Bundesheeres vom Osteingang zum Westeingang angelegt. 1929 wurde durch einen künstlichen Stollen ein Rundweg unter Einbeziehung der Paläotraun errichtet. Seit 1957 ist die Höhle durch einen künstlich angelegten Eingang (neuer Osteingang) zugänglich.

1961 wurde der Führungsweg mit elektrischer Beleuchtung versehen. Der ursprünglich angelegte Weg zum Westeingang wird heute in die Führung nicht mehr einbezogen.

Besonderheit: Sehr großräumiges und ausgedehntes Höhlensystem mit mehreren Etagen.

Talort: Obertraun am Hallstätter See, 512 m.

Zugangsbeschreibung: Von Obertraun zunächst auf einer Fahrstraße zur Talstation der Dachsteinseilbahn. Von hier mit der Seilbahn zur Mittelstation Schönbergalpe, wo sich die Höhlenkasse für Mammuthöhle und Rieseneishöhle befindet. Von der Schönbergalpe auf ausgebautem Weg nach rechts in 10 Min. zum neuen Osteingang des Mammuthöhlensystems.
Der linke Weg führt in 20 Min. zum etwas höher gelegenen Eingang der Rieseneishöhle. Die Schönbergalm kann man auch über einen bez. Fußweg in 1³/₄ st von Obertraun aus erreichen.

Raumbeschreibung: Vom (künstlichen) neuen Osteingang erreicht man über „Lahnerhalle" und die Halle der „Vergessenheit" (Lehmboden) den wohl eindrucksvollsten Teil der Mammuthöhle, die „Paläotraun". Dieser gewaltige, etwa 120 m lange regelmäßig geformte Tunnel erreicht im „Mitternachtsdom" eine Höhe von 40 m. (Der Name Paläotraun weist darauf hin, daß er einmal als der ursprüngliche Lauf der Traun betrachtet wurde, was jedoch heute stark bezweifelt wird.) Vom

"Mitternachtsdom" zweigt der oben erwähnte, heute nicht mehr geführte Weg zum Westeingang der Höhle ab. Der Führungsweg steigt über Treppen steil durch die Arkadenkluft an, bis er beim „Caudinischen Joch", einer niedrigen Engstelle, seinen höchsten Punkt erreicht. An einigen Stellen läßt sich hier an einem Gerinne schöne Kalklösung und Kalkablagerung beobachten. Vom „Caudinischen Joch" vorbei an einigen kleineren, teils eingefärbten Bergmilchabscheidungen zurück zum neuen Osteingang. Länge des Rundgangs: 800 m; Führungsdauer etwa 50 Min. Bei der Führung werden für Interessierte auch einige mit Höhlenentstehung zusammenhängende geologische Hinweise gegeben. Ein Betreten der nicht vom Führungsweg berührten Teile der Höhle ist nicht möglich, es sei deshalb hier nur eine kurze Beschreibung gegeben.

Oberhalb des Führungsteils befindet sich der genetisch älteste Teil der Höhle. Hier finden sich neben der „Paläotraun" die großräumigsten Teile des Systems.

Der Zugang zu diesem Teil erfolgt vom „Dom der Vereinigung" aus, der von dem, zum Westeingang führenden alten Führerweg, angeschnitten wird. Zunächst über steile Platten ansteigend, erreicht man mehrere große Hallen (Große Lehmhalle, Pfeilerhalle, Wasserfalldom, Centaurenkluft), darunter auch den „Großen Dom", der den größten Höhlraum der Höhle darstellt. Folgt man dem ehemaligen Führerweg in Richtung Westeingang, so passiert man im „Feenpalast" einen vereisten Höhlenteil und erreicht schließlich das mit einem Gitter verschlossene Portal.

Der Zustieg zu den tagfernsten Teilen der Mammuthöhle erfolgt ebenfalls vom „Dom der Vereinigung" aus. Über das „Windstollenlabyrinth" erreicht man nach steilem Abstieg den „Minotaurusgang". An seinem Ende verzweigt sich das System. Westlich gelangt man über „Atlantis" in den Südwestgang, den tagfernsten Teil der Höhle. Südöstlich erreicht man über das „Satanslabyrinth", den „Himmelsdom" und das „Wienerlabyrinth".

Die Mammuthöhle ist von Mitte Mai bis Mitte Oktober täglich von 10.00 bis 15.00 Uhr geöffnet. Eintrittspreis (1976)

22 S. Kinder und Mitglieder alpiner Vereine erhalten Ermäßigung.

3. Rieseneishöhle
Allgemeine Beschreibung
Charakter: Großräumige Eishöhle.
Länge: 2000 m.

Erforschungsgeschichte: Die zahlreichen Höhleneingänge um die Schönbergalpe waren seit alters her als „Wetterlöcher" bekannt. Hier bildeten sich oft dicke Nebelschwaden aufgrund der aus den Eingängen strömenden, kalten Luft. 1897 stieg der Obertrauner Peter Gamsjäger einige Meter in das „große Wandloch" ein und fand dort steil in die Tiefe führendes Höhleneis vor. Einige Jahre später erkundete Alexander von Mörk auf seine Anregung hin die Höhle und maß die Tiefe des Eisabgrundes mit 28 m aus. Aber erst 1910 gelang es Georg Lahner den „Großen Eisabgrund" zu überwinden und damit den Weg für die weitere Erforschung freizumachen. Nach 1910 wurde die Erforschung und Vermessung der Höhle in großen Zügen abgeschlossen. Hinter dem großen Versturz im „Parzivaldom" wird eine Fortsetzung vermutet; ein Freiräumen dieses Versturzes gelang aber bis jetzt noch nicht.
Die Rieseneishöhle wurde schon früh als Schauhöhle erschlossen. Bereits kurz nach dem ersten Weltkrieg nahm man den Führungsbetrieb auf, 1928 wurde die Eishöhle mit elektrischem Licht ausgestattet. Nach dem zweiten Weltkrieg wurde ein zweiter Eingang freigelegt, der heute einen Rundgang ermöglicht.

Besonderheit: Durch eine geschickt angelegte Weganlage ist die Rieseneishöhle überaus eindrucksvoll und sehenswert. Am Eingang des „Parzivaldoms" (Eiskapelle) lassen sich die verschiedenen Schichten der Vereisung erkennen.

Zugangsbeschreibung und Talort: Siehe Dachsteinmammuthöhle.

Raumbeschreibung: Man betritt die Höhle durch zwei Wettertüren an ihrem eisfreien Teil. Durch lehm- und schotterbedeckte Gänge („alter Bachlauf Korsa", „alter Flußlauf Blimisoël") erreicht man die erste große Halle, den 19 m hohen

„König-Artus-Dom", dessen Boden mit mächtigen Versturzblöcken bedeckt ist. Interessant sind eingeschwemmte Urgesteinsablagerungen in dieser Halle (Augensteine). Vom „König-Artus-Dom" zweigt nach links ein großräumiger Gang in die „Iwanhalle" und zum „Schmetterlingsgang" ab, der aber für die Allgemeinheit nicht zugänglich gemacht ist. Der Führungsweg zieht nach rechts aus dem „König-Artus-Dom" heraus und steigt steil zum „Keye-Schluf" auf. Hier beginnt hinter einer Tür der Eisteil der Höhle. Über eine Treppe erreicht man den „Parzivaldom" (120 m lang, 22 m hoch). Am Eingang des „Parzivaldoms" führt rechts ein kleiner Seitengang zur „Eiskapelle", an der sich die unterschiedlichen Eisschichten gut erkennen lassen. (Führung auf Anfrage). Vom „Parzivaldom" gelangt man durch kleinere, eiserfüllte Gänge zum „Tristandom" (Eisdicke bis zu 30 m), der von dem in der Erforschungsgeschichte erwähnten, großen Eisabgrund abgeschlossen wird. Hier rieselt Wasser aus Deckenklüften auf das Bodeneis und höhlt es aus. Über eine exponiert angelegte Weganlage wird der Eiswall des großen Eisabgrundes rechts umgangen und man gelangt durch einen kurzen Eisstollen beim ursprünglichen Eingang der Rieseneishöhle wieder ans Tageslicht.

Länge des Führungsweges: 1 km.
Dauer der Führung: Etwa ³/₄ st.
Preis (1976) 27 S., Kinder und Mitglieder alpiner Vereine erhalten Ermäßigung.

Gipfelanstieg im Höhlenbereich: Die Rieseneishöhle und Dachsteinmammuthöhle liegen im Bereich der Mittelstation der Dachsteinbahnen. Es bieten sich daher Wanderungen sowohl auf der Schneebergalpe (Mittelstation), wie auch auf dem Dachsteinplateau an.

Stichwortregister

A
Adventhöhle 64
Angerlloch 40
Aragonit 22
Ausrüstung 10, 17

B
Baumeis 14, 22, 156
Bärenhöhle 116
Bärenhorst 81
Bergmilch 13, 22
Bluntautal 122
Blühnbachtal 132
Bodeneis 14
Bohnerz 13, 22
Breithorn 114
Brekzie 22
Brunneckerhöhle 144

C
Canon 22

D
Dachsteinhöhlenpark 165
Dachsteinmammuthöhle 168
Dachsteinrieseneishöhle 171
Doline 22
Dopplersteig 77
Druckstollen 22

E
Eishöhle 22
Eishüte 155
Eiskeller, Großer und Kleiner 87
Eiskeulen 14, 22, 156
Eiskogel 164
Eiskogelhöhle 159
Eisriesenwelt 151

Erosion 22
Estergebirge 32, 40
Exzentriques 13, 22

F
Fledermaus 16
Fließfacetten 22
Fotografieren 20
Fricken, Hoher 38
Frickenhöhle 32
Funtensee 103

G
Gamslöcher 81
Geiereck 87

H
Hackel-Hütte 159
Hagengebirge 116, 123, 132
Harnisch 22
Heutal 48
Hochbrunnsulzen 114
Hochthron, Berchtesgadener 93
Höhlen, längste und tiefste 25, 26
Höhlenbäche 14
Höhleneis 13
Höhlenkataster 22
Höhlenklima 16, 22
Höhlenlänge, Tiefe 21
Höhlenperlen 22
Höhlenseen 14
Höhlenwind 16
Höhlenvereine 8

K
Kalzit 22
Karren 22
Kärlinger-Haus 103

Knöpfchensinter 13, 22
Kolk 24
Kolowrathöhle 77
Konglomerat 24
Koppenbrüller Höhle 165
Korrosion 24
Krottenkopfhütte 38
Kuhfluchtgraben 32

L
Lamprechtsofen 56
Leoganger Steinberge 56

M
Müllnerberg 64

O
Orientierung 21

P
Paß Lueg 144
Perlsinter 24
Planaufnahme 20
Plansignaturen 30
Polje 24

Q
Qualatoloch 90

R
Reiteralm 71
Riemannhaus 104
Rotwandlhöhle 104

S
Salzburger Schacht 82
Salzgrabenhöhle 95
Saugasse 103
Schachthöhle 24
Scheukofen 123
Schlaz 24
Schlinger 24
Schlot 24
Schluf 24
Schneibsteinhaus 122
Schönbergalpe 169
Schönfeldspitze 114
Schrecksattel-Eishöhlen 71
Schwierigkeitsbewertung 10
Sedimente 24
Sigretplatte 103
Simetsberg 46, 95
Sinter 13, 24
Sinterbecken 13
Siphon 14, 24
Sommerstein 114
Sonntagshornhöhle 48
Speläologie 24
Stahlhaus 122
Stalagmit 13, 24
Stalaktit 13, 24
Steinernes Meer 104, 95

T
Tantalhöhle 132
Tauernkogel 164
Tennengebirge 144, 151, 159
Traunsteiner Hütte 76
Trischübel 103
Trockenhöhle 24
Tropfstein 24

U
Untersberg 77, 81, 82, 87

V
Vermessung 20
Versturz 24
Villa Atlantis 139

W
Wabeneis 24, 155
Wasserhöhle 14, 24
Wasserstandsmarken 24

Weitschartenkopf 76
Wildalmkirchl 115
Wimbachtal 103
Wimbachgrieshütte 103

Wimmerhütte 151

Z
Zeppezauer Haus 77